踊る大談合

使途秘匿金課税の適用期限撤廃を踏まえ
なぜ日本は国連腐敗防止条約を批准しないのか

山田 貴久

清文社

はじめに

　みなさんは、談合を「必要悪」、それとも「違法」と考えますか？　談合は「無くなる」、それとも「無くならない」と考えますか？　さらに、談合は「日本の文化」と考えますか？「良い談合」と「悪い談合」があるのでしょうか？

　私たちは、生活をするためにお金を稼ぎ、そのお金を自分の好きなことや生活費、家族のためなどに使います。これを繰り返して時が過ぎています。

　法人又は個人事業主等は、営業活動等を行い、仕事を受注し売上を上げ、その中に経常利益が含まれます（赤字の場合もあります。）。その営業活動等を行う際に、交際費等を支出する場合があります。

　交際費等は、戦後の企業の資本充実のために租税特別措置法の中に1954年（昭和29年）に法制化されたもので、さらに使途不明金（現在は費途不明金といいます。）は、1950年（昭和25年）に法人税法基本通達として存在しています。その後、談合が急増し違法支出を税制により抑制しようと、1994年（平成6年）に使途秘匿金課税が行われるようになりました。

　世の中には、「談合は無くなる」、「談合は本当に悪いのか」といった意見から、『談合文化論』という書籍も存在します。すなわち、談合は、「日本の文化」、「談合は無くなる」、「談合は無くならない」の3極に分けることができます。本書では、談合は無くならないという立場でその原理から具体例を示しています。しかし、学術的に「公序良俗の租税における法的解釈」、「公序良俗の租税法における国際潮流」や「租税法における企業の社会的責任（CSR）」について、明確に示唆する書籍は存在しません。

　そこで、まず法治国家において何が法の根源になければ法律は存在し得ないのかということを考えることで、その中に租税法も含まれると考える

のが素直な考え方ではないかと思います。

　本書の基本となっているのは、筆者が作成した「使途秘匿金課税に関する研究～平成26年度改正を踏まえて～」という論文です。いろいろ調べると、租税法の共通部分を定めた国税通則法ができる前に公序良俗規定の立法化が検討されていたことや、昭和50年代には大平正芳元首相が大蔵省（当時）との議論の中で、「徴税に犯罪摘発の役割を負わせるのは筋違い」と持論を展開していたこともわかってきました。

　使途秘匿金課税の創設当時を考えると、近年は課税対象となる企業の数は大幅に低減されてきています。しかし、今後は国税通則法等の法令が改正されない限り、表に出てこない裏金が増加するのではないかと危惧しています。

　一方、2003年（平成15年）10月31日、国連総会で「腐敗の防止に関する国際連合条約（国連腐敗防止条約）」が採択され、我が国でも2006年（平成18年）6月2日に国会で承認されました。しかし、現在、まだ批准はされていませんので、日本での効力は生じていません。

　では、なぜ批准していないのか？　批准できないのか？　本書では、公序良俗と税金の関わりや、使途秘匿金の支出について検討しながら、その理由を「談合」と「税制」という切り口から検証しています。

　国家財政を考える時に、税金は国家の基盤となるものです。また、「税」を考える場合に、筆者はリスクコミュニケーションをしていくことが非常に重要だと考えています。私は、安全・安心という分野が最も専門なのですが、租税法で言う「法的安定性」、「予測可能性」を課税庁と納税者との間で直接的に、または税理士を通して、リスクコミュニケーションを行うことが今後より一層重要になってくると考えています。

　本書は、ビジネスマンの方はもちろんのこと、租税法を学ぶ大学院修士

レベルから中学校3年生ぐらいまでの方にもお読みいただきたいと思い執筆しました。中高生にとっては少し難しいかもしれませんが、我が国の社会の縮図の一端を見ることで、「談合」と「税制」の関わりの"その先"が見えてくると思います。

　建設業界は、どのようなことがあっても国家の社会インフラを支えていることに間違いはありません。業界の中には、若い人たちに建設業の必要性・魅力を伝え、人材を育てている多くの方々がいらっしゃいます。また、政治家・官僚の中にも、機構・組織の清浄化、運用のための適正化・公正性・中立性に尽力されている人々がいることも事実です。とても頭が下がる思いです＊。
　筆者は、そのことを十分に理解した上で本書を執筆していることをご理解いただきますよう、お願い致します。

　最後になりましたが、本書の基本となっている論文「使途秘匿金課税に関する研究～平成26年度改正を踏まえて～」は、立教大学大学院経済学研究科の栃本道夫先生に大変お世話になりました。この場をお借りして感謝の意を表します。

平成27年3月

山田　貴久

＊http://www.mlit.go.jp/common/000133115.pdf

目次

踊る 大談合
―使途秘匿金課税の適用期限撤廃を踏まえ
　なぜ日本は国連腐敗防止条約を批准しないのか

はじめに

第1章　序　論　　1

1.1　本書を作成するに至った背景 …………………………………… 3
1.2　本書の目的（問題の所在）………………………………………… 8
1.3　問題提起……………………………………………………………… 9
1.4　本書の構成 ………………………………………………………… 11

第2章　公序良俗と租税法の関わり合い　　19

2.1　市民的公共の福祉と国家的公共の福祉 ………………………… 21
2.2　日本国憲法に存在する「公共の福祉」………………………… 21
2.3　公序良俗規範 ……………………………………………………… 23
2.4　自由・平等、公共の福祉と公序良俗 …………………………… 26
2.5　公法と私法の検討 ………………………………………………… 29
2.6　小　括……………………………………………………………… 33

第3章　交際費等及び使途秘匿金支出の検討

3.1　租税特別措置法の目的と意義 …………………………………… 37
3.2　勘定科目別課税制度の沿革（交際費等、費途不明金、使途秘匿金）… 37
　　① 交際費等　　　　　　　　　　　　　　　　　　　37
　　② 費途不明金（使途不明金）　　　　　　　　　　　40
　　③ 使途秘匿金　　　　　　　　　　　　　　　　　　41
3.3　法令・通達の改正からみた沿革 ………………………………… 42
　　① 1950年（昭和25年）の旧法人税法基本通達269
　　　（昭和25年9月25日付け直法1-100）　　　　　　42
　　② 1954年（昭和29年）通達改正～
　　　1969年（昭和44年）法人税法改正以前　　　　　42
　　③ 1969年（昭和44年）の法人税法基本通達9-7-23
　　　（昭和44年5月1日付け直審（法25））　　　　　43
　　④ 1969年（昭和44年）～1993年（平成5年）度末　43
　　⑤ 1994年（平成6年）度以降　　　　　　　　　　43
3.4　交際費等の支出の現状 …………………………………………… 44
　　① 全産業における支出交際費と営業収益の関係　　44
　　② 建設業における支出交際費と営業収益の関係　　44
　　③ 支出交際費と営業収益の関係が最も強い産業（農林水産業）46
3.5　使途秘匿金課税以前の使途不明金状況 ………………………… 48
3.6　「国税通則法の制定に関する答申」にみる公序良俗 …………… 49
3.7　違法性のある交際費等の支出 …………………………………… 52
3.8　費途不明金及び使途秘匿金の課税要件に関する相違 ………… 52
　　① 金銭支出としての費途不明金及び使途秘匿金に関する比較　53
　　② 費途の不明及び支出の相手方等の秘匿に関する比較　　　　53
　　③ 交際費等の名義でされた支出及び支出が費用である
　　　場合に関する比較　　　　　　　　　　　　　　53
　　④ 費途不明金及び使途秘匿金の範囲　　　　　　　53
3.9　使途秘匿金課税の法理 …………………………………………… 54

3.10 使途秘匿金課税に関する諸説 …………………………………… 56
 ① 使途を秘匿した本人と相手方の共同責任であるとする説
  ［責任説］ 57
 ② 使途秘匿金の支出を抑制するための制作であるとする説
  ［政策説］ 57
 ③ 使途秘匿金違法説［違法説］ 59
 ④ 使途秘匿金課税恒久化説［恒久化説］ 59
 ⑤ 使途秘匿金課税高税率変更説［高税率変更説］ 59

3.11 使途秘匿金課税に関する諸説の検討 ………………………… 60
 ① 責任説の検討 60
 ② 政策説の検討 62
 ③ 違法説の検討 62
 ④ 恒久化説の検討 63
 ⑤ 高税率変更説の検討 63
 ⑥ 使途秘匿金に関する平成26年度改正の経緯 65

3.12 違法支出の損金性を否認する裁判例・条約からみた公序良俗 …… 66

3.13 課徴金制度等（独占禁止法、金融商品取引法、刑法） ……… 76
 ① 独占禁止法 77
 ② 金融商品取引法 77
 ③ 刑　法 78

3.14 小　括 …………………………………………………………… 79

第4章　カルテル・談合事情　　81

4.1 課徴金減免制度の進展 ………………………………………… 83
4.2 近時の国内外カルテル・談合事件例 ………………………… 85
4.3 絶妙で鉄壁な"Y"字バランス ………………………………… 89
4.4 小　括 …………………………………………………………… 93

第5章　違法支出に関する株主代表訴訟の事例の検討　95

- 5.1　調査方法 …………………………………………………………… 97
  - ① 株主代表訴訟件数等　97
  - ② 使途秘匿金課税　97
  - ③ 裁判上の和解例　98
  - ④ コンプライアンス等に関する調査報告・提言書　98
  - ⑤ 独占禁止法における近年の談合事例、課徴金額及び課徴金減免制度利用状況　98
- 5.2　解析結果 …………………………………………………………… 99
  - ① 株主代表訴訟件数の推移と損害賠償請求額　99
  - ② 全法人に対する使途秘匿金課税状況　102
  - ③ 業種別使途秘匿金課税状況　102
  - ④ 裁判上の和解の分析　107
  - ⑤ 各社の提言書・報告書を検証　110
  - ⑥ 課徴金額の推移及び課徴金減免制度の利用状況　111
- 5.3　株主代表者訴訟及び違法性支出に関する検討 ………………… 117
- 5.4　小括 ………………………………………………………………… 124

第6章　今後の交際費等及び使途秘匿金課税制度のあり方　125

- 6.1　総合ポイントカードを利用した租税回避方法の検討 ………… 127
- 6.2　総合ポイントカードによる支出の検討 ………………………… 129
  - ① 総合ポイントカードの会計処理及び税務処理　129
  - ② 交際費等に関する支出の検討　131
  - ③ 使途秘匿金に関する支出の検討　132
- 6.3　使途秘匿金課税に関する租税法の限界 ………………………… 134
- 6.4　小括 ………………………………………………………………… 136

第 7 章　結　論

索　引　　141

参考文献　　143

おわりに

第1章

序 章

1.1 本書を作成するに至った背景

　交際費等に関する課税制度は、戦後復興間もない1954年（昭和29年）に政界・財界・官僚等71名の逮捕者を出した造船疑獄に端を発しました。政府は、交際費等の損金算入に強い抵抗感を示し、冗費・濫費を抑制し資本充実を図るとの政策目的により法人税法の特則として、租税特別措置法に交際費等損金不算入制度を時限立法化しました。

　この交際費等損金不算入制度の解釈・運用に関連して、例えば法人税法基本通達9-7-20では、「法人が交際費、機密費、接待費等の名義をもって支出した金銭でその費途が明らかでないものは、損金の額に算入しない。」（(1971年) 昭46年直審（法）20「9」、昭55年直法2-15「十六」により改正)ことが示されました。このような支出を費途不明金と呼んでいます。

　さらに、1994年（平成6年）には談合、政治裏献金等の抑制のために、使途を意図的に秘匿する場合の重課措置が租税特別措置法に時限立法として追加制定されました。この重課措置の対象になる支出が使途秘匿金です。

　ところで、実務において交際費等の使用は日常茶飯事です。各種企業が考える交際費等の範囲には、

① 　交際費等に分類されない隣接勘定科目（損金）
② 　交際費等に分類される勘定科目（損金又は損金不算入）
③ 　法人の経理処理において隣接勘定科目として分類されているが、税法上は交際費等相当として扱われるべき支出（損金又は損金不算入）
④ 　費途不明金に分類される費用（損金不算入又は重加算税）
⑤ 　法人の経理処理において隣接勘定科目及び交際費等として分類されているが、税務調査により隠ぺい又は仮装行為による使途秘匿金として取り扱うべきものとされた費用（損金不算入及び40％の使途秘匿金課税かつ重加算税）
⑥ 　自己否認により使途秘匿金勘定科目としている費用（損金不算入及

図表1　各種企業が考える交際費等の区分と法人税法上の区分概念

```
                                    秘匿の意思なし
                                    秘匿の意思あり
┌─────────────────────────────────┐
│        販売費及び一般管理費          │
│ ┌──────────┬──────────────────┐ │
│ │①隣接勘定科目│   ②交際費等       │ │
│ │┌────────┐│                  │ │
│ ││③交際費等相当│                  │ │
│ ││ ┌──────┼─────────┐        │ │
│ ││ │ ④費途不明金  →  │        │ │
│ │└─┼──────┼─────────┤        │ │
│ │   │    ⑤使途秘匿金     │        │ │
│ └───┼──────┴─────────┘        │ │
│       │    ⑥使途秘匿金     │          │
│       └────────────────┘          │
└─────────────────────────────────┘
```

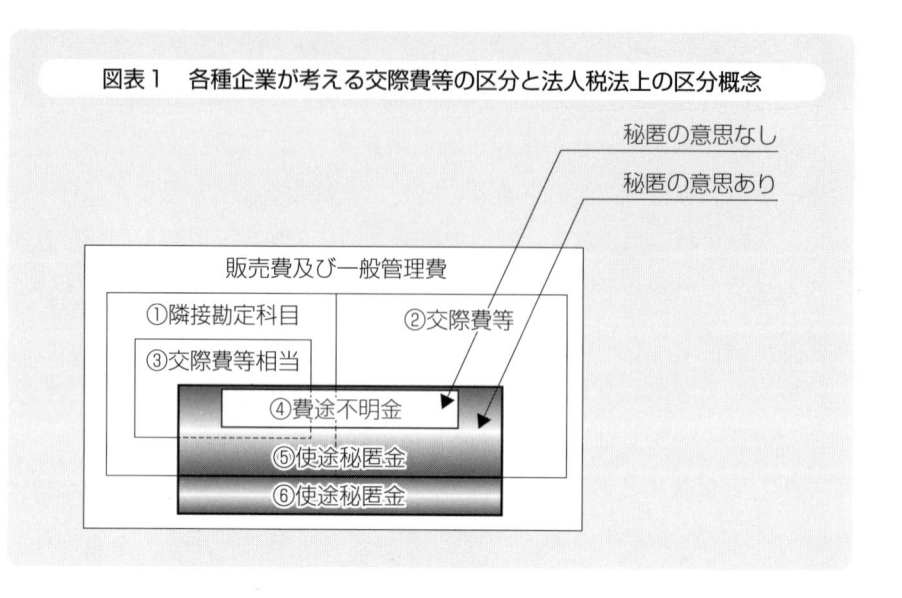

び40％の使途秘匿金課税。このうち⑤⑥は、納税者に秘匿の意思が明らかにあります)。

と分類できます（**図表1参照**）。

　また、費途不明金及び使途秘匿金の実務における相違については、(1)制度趣旨、(2)課税態様、(3)秘匿意思、(4)経理処理により区分することが可能です。さらに、課税要件からの相違を考えると、(5)金銭支出の範囲、(6)不明な部分に関する見解、(7)支出の性質、(8)範囲に区分することができます（**図表2参照**）。

　交際費等に対する課税制度は、度重なる租税特別措置法による法改正を経て現在に至っています。2014年（平成26年）度税制改正においては、改正前に全額損金不算入とされていた資本金1億円以上の企業に対しても「交際費等の額のうち、飲食のために支出する費用の額の50％を損金の額に算入することとする。」ということになりました。その一方で、時限立法として存在していた使途秘匿金課税が、2014年（平成26年）4月1日付けで「使途秘匿金の支出がある場合の課税の特例の適用期限を撤廃する。」

図表2　費途不明金及び使途秘匿金の相違

区分方法	費途不明金	使途秘匿金
制度趣旨	費途不明の支出の損金性の否認	違法支出等の抑制
課税態様	損金不算入	支出額の40％課税
秘匿意思	秘匿の意思がないものも含む。秘匿の意思があれば使途秘匿金となり、仮装・隠蔽があったとみなされ重加算税が課される	元々秘匿の意思あり
経理処理	損金処理がされたもの	当初から自己否認すれば支出額の40％課税のみであり、税務調査により発覚した場合は仮装・隠蔽があったとみなされ重加算税が課される
金銭支出の範囲	現金のみ対象	贈与、供与その他これらに類する目的のためにする金銭以外の資産も含む
不明な部分に関する見解	課税庁側から支出の相手方の氏名等が不明であることを示す	金銭支出の当該企業が積極的に相手方等を秘匿
支出の性質	交際費等の名義であること	費用性があること
範囲	使途秘匿金より狭義	費途不明金より広義

として恒久化されたことが注目されるべきです。

　なお、本書で取り上げる交際費等の内容は主として資本金が1億円以上の法人を対象としています。

　交際費等の中でも使途秘匿金は、社会通念として違法支出性が高いと考えられている部分です。筆者は、この税制改正に関して「なぜ今になって租税特別措置法内において恒久化するのであろうか、そもそもなぜ時限立法の特別措置であったのか？」という疑問が生じました。

　ここ数年で起きた、交際費等の違法支出及び使途秘匿金支出と認定される案件をあげると以下の通りです。

① 2005年（平成17年）に発覚した鋼鉄製橋梁の建設工事（公共工事）において、K会（旧紅葉会）[1]、A会（旧東会）[2]という2つの談合組織に加盟していた建設業者等47社においては、独占禁止法違反の容疑で多くの関係者が逮捕されました。さらに、株主代表訴訟において内部統制システム構築を怠ったとして、企業の社会的責任（CSR）を問われた裁判上の和解例が複数件存在します。

② 2007年（平成19年）には、精密機器メーカーX社が、A市に工場を建設した際に、その受注をした建設会社Y社が、受注の謝礼金を経費に装ったなどの理由で、課税庁から約5億円の所得隠しを指摘されています。

裏金の大半は、X社会長の知人が経営するA市のコンサルタント会社などに渡っていた疑いがありましたが、Y社は最終的な支払先を明らかにせず、使途秘匿金として認定されたといわれています（時事通信社：2007年12月9日による）。

③ 2014年（平成26年）、鉄道コンサルタント会社のZ社が、2008年（平成20年）から2012年（平成24年）にかけてベトナム、インドネシア、ウズベキスタンの3か国に約1億円のリベートを支払っていたことが、課税方の税務調査で判明しています。同社は、具体的な支出先を明らかにせず、使途秘匿金と認定されました。

④ 2014年（平成26年）、B社が100億円の申告漏れをし、うち所得隠しとして3,000万円に対し重加算税が課税されました。

1　**紅葉会**（こうようかい）：先発メーカーの17社が加盟していたといわれている。
2　**東会**（あずまかい）：後発メーカーの30社が加盟していたといわれている。
＊**橋梁談合事件**
談合組織「K会」「A会」に属する橋梁メーカーが国土交通省と旧日本道路公団発注の架橋などの工事で談合した事件。公正取引委員会が2004年、メーカーに立入検査し、東京高検と東京地検特捜部が捜査。発注者側の2人を含む12人、26社を起訴した。公正取引委員会は官製談合防止法を適用して旧公団に改善措置を要求する一方、メーカー45社に対し談合をやめるよう排除勧告した（2010.09.25　朝日新聞　夕刊　1社会）。
（参照：横浜市監査委員公表第8号．平成18年11月2日（http://www.city.yokohama.lg.jp/kansa/kekka/pdf/ju18-4.pdf））

鹿島6億円裏金作り

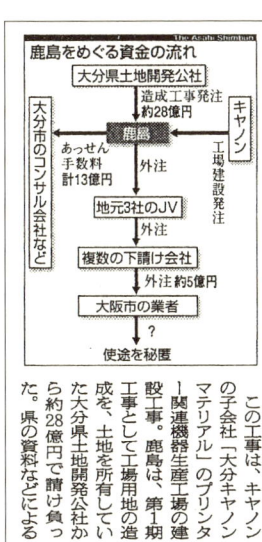

大分 キヤノン工場受注

5億円分は使途秘匿

東京国税局指摘

大手精密機器メーカー「キヤノン」（本社・東京都大田区）の大分市内のプリンター関連機器工場建設をめぐり、工事を受注した大手ゼネコン「鹿島」（同港区）が下請け業者への外注費を装って裏金を工面していたとして、東京国税局に約6億円の所得隠しを指摘されていたことが分かった。うち約5億円の使途について鹿島は最終的な支払先を明かさなかったため、使途秘匿金として重加算税などを含めた約3億円を追徴課税された。申告漏れの総額は三十数億円で、同国税局は重加算税などを含めた約3億円を追徴課税した模様。（中村信義、舟橋宏太）

と、工場の建設工事と合わせた投資額は少なくとも約800億円に上る。用地は造成後、約50億円でキヤノンに売却された。

鹿島は、第1期の造成工事を地元の建設業者3社の共同事業体（JV）に外注した。ところが、関係者によると、このうち複数の関西の下請け会社を通じて大分市の業者に外注された約5億円分は何らかの工作費などに充てられた疑いが強く、裏金として使途秘匿分を含む計約6億円分について、実際には裏金としてキヤノン関連工場の工事にからむ何らかの工作費などに充てられた疑いが強く、使途秘匿分としたい意向だという。

この工事は、キヤノンの子会社「大分キヤノンマテリアル」のプリンター関連機器生産工場の建設工事。鹿島は、第1期工事として工場用地の造成を、土地を所有していた大分県土地開発公社から約28億円で請け負った。県の資料などによる

と、工場の建設工事と合わせた投資額は少なくとも約800億円に上る。用地は造成後、約50億円でキヤノンに売却された。

鹿島は実際の支払先の説明を拒んだため、同国税局は通常の法人税に加えて40％の制裁課税をした。

税務上は経費とは認められない交際費などで、悪質な所得隠しに当たると認定した模様だ。

また、大分市の三つのデジタルカメラの工場の建設工事を、キヤノン会長で日本経団連会長の御手洗冨士夫氏の知人が経営する大分市内のコンサルタント会社が鹿島にあっせんし、手数料として鹿島から計約4億円が支払われていたことも分かった。この社長が経営する大分市の別の会社も、キヤノンの川崎市のプリンター関連研究施設などの工事をあっせんした謝礼として、鹿島から約9億円の手数料を受け取ったという。

鹿島広報室の話 国税当局の調査には協力しており、当社の納税はすべて終了しました。個別の案件についてはコメントできない。

税務上は経費とは認められない交際費などで、悪質な所得隠しに当たると認定した模様だ。

御手洗氏とこの社長の関係については「高校の後輩でもあり、友人に近い関係。会食で一緒になることもあった」などと説明している。

大分市のプリンター関連機器工場は今年1月に操業開始。世界各地に向けてトナーカートリッジとプリンター用インクを製造している。隣接するデジタルカメラの工場と合わせた投資額は計1千億円を超える。

鹿島をめぐる資金の流れ

```
大分県土地開発公社
    ↓ 造成工事発注
    ↓ 約28億円
   鹿島 ← あっせん手数料 計13億円 ← キヤノン
    ↓ 外注                            工場建設発注
  地元3社のJV
    ↓ 外注
  複数の下請け会社
    ↓ 外注 約5億円
  大阪市の業者
    ↓ ?
   使途を秘匿

大分市のコンサル会社など
```

*『朝日新聞』2007年12月10日夕刊1面（国立国会図書館所蔵）

このように、交際費等の違法支出及び使途秘匿金支出は後を絶ちません。

ただ、使途秘匿金課税が恒久化されても、違法支出は地下に潜るか、別の形等となって継続される可能性は高いのです。さらに交際費等に関する課税の抜け穴も存在します。このままでは、課税庁と納税者とのイタチごっこが続くばかりではありませんか！

"どうすれば、談合金等の違法支出の問題について税制とその執行が根本的な解決に役立ち得るのか？"

この疑問を抱いたことが本書を作成するに至った背景です。

1.2　本書の目的（問題の所在）

上述の疑問を背景とする本書の目的は、次の問題を考察して、その解決策を検討することです。

　　　　　　＊　　　　　　　　　　＊

そもそも税体系の在り方として、使途秘匿金への課税をどのように位置づけるべきなのか、課税要件及び課税手続きの面で特別措置としての恒久化をどう評価すべきか？

それらを踏まえた上でどうすれば、談合金等のような違法支出の問題について税制とその執行がその根本的な解決に役立ち得るのか？

　　　　　　＊　　　　　　　　　　＊

より具体的には、次の通り問題を整理して考えを進めました。

(1) まずこの問題について、理論的に租税三原則（公正・中立・簡素）、租税法律主義の観点を確認します。

(2) 実務として存在する違法支出としての交際費等（談合金等をその典型とする）、とりわけ使途秘匿金に関して株主代表訴訟及び企業リスクの実情等を検討することにより、CSRの観点からの収益性への影響をも考慮しつつ、「①使途秘匿金が、租税法のうち租税特別措置法

第 1 章　序　章

において恒久化されたことに合理性妥当性が存在するのか。②むしろ、租税法の共通部として存在する国税通則法において使途秘匿金への重課を恒久化することに合理性及び妥当性を見出せるのではないか。」を検討します。

(3)　上記の検討を踏まえ、公序良俗に反する支出を実態とする使途秘匿金の重課については、単に租税特別措置法による特則であるとの位置づけでなく、憲法第29条2項に関する確認規定の一つとして位置づけ、租税法の体系における基本的な考え方の一つであることを明示するべく、例えば国税通則法に規定することを主張していきます。

(4)　その上で、談合金等のような違法支出の問題について、税制とその執行がその根本的な解決に資するために、具体的な対応の改善策を提案していきます。

1.3　問題提起

　交際費等の使用は実務では欠かせないものであり、接待、供応、慰安、贈答その他これらに類する行為によりお客様及び取引先企業から仕事を獲得したい又は有効な情報を得たいと考えられるから使用するのです。場合によっては、自分自身が飲食等をしたいがためにお客様を山車に使う場合も存在する可能性があります。そうなると、交際費等及び使途秘匿金の違法支出性に関して、単に量的規制及び質的規制というだけではその理論が租税法律主義における課税要件明確主義に合致しないのではないか、また多くの通達において、その都度対応することは納税者の法的安定性及び予測可能性を脅かしているのではないか、と考えられます。

　そこで、一般法原則として存在する公序の理論及び租税法との関わり合いについて納税者に明確に示した上で、課税要件事実の認定を行うという判断構造が必要であると考えられます。この公序の理論に関しては、延滞

9

税・各種加算税・罰金・科料・過料等の法人税法上の損金性について、金子宏名誉教授は、「これらの租税公課は、違法行為に対する制裁ないしは一定の行為を抑止するための経済的負担であるから、もし損金算入を認めれば、税負担の減少によってその効果が減殺される恐れがある。そのため損金算入が否定されているのである（所得税法にも同じ規定がある第45条1項3号、5号、6号、8号～11号）。

アメリカには、その控除を認めると公序（Public Policy）に反する結果を生ずるような支出の控除は認められない、という法理（公序理論）が存在する。法人税法及び所得税法が、罰金・科料等の損金算入を認めないのも、同じ考え方によるものであろう。」[3]と述べています。

＊　　　　　　　　　　＊

本書では、我が国において公序の理論に関する法律関係が租税法にも適用できるか否かを先行研究から導き出し、その後、学説及び実務の両面からみた租税制度の公平性及び政策を検討、考察を進めました。特に、交際費等及び使途秘匿金課税に対する納税者への法的安定性及び予測可能性を明確にしていくためにはどうすればよいかというところに焦点を当てて話を進めます。

そこで、本書では次の問題提起を行うことにしました。

> **問題提起1**：国税通則法の制定に関する答申（1961年（昭和36年）7月）において、公序良俗規定を検討していた。現代こそが、その規定を明記するべきである。公序良俗規定を取り入れ、課税処分の公平性・妥当性に関する法的根拠を明確にする必要性があるのではないか。
>
> **問題提起2**：現状の違法支出に関する租税特別法の規定によって使途秘匿金を完全になくすことは不可能ではないか。

3　金子宏『租税法（第17版）』pp.337、弘文堂、2012.4

1.4 本書の構成

本書では、上記の問題提起について、主として裁判例、裁判上の和解例、裁決例、学説等を検討しました。

各問題提起の検討の進め方について説明します。まず、**問題提起1**ですが、**第1**ですが、公序良俗の学説、とりわけ「最高理念としての公序良俗」[4]、アメリカ及びイギリスの現行法に関する先行研究調査を実施するとともに、我が国における公序良俗の概念を整理しました。その上で我が国の憲法、民法第90条、所得税法及び法人税法における公序の理論の適用状況を検討しました。

憲法は租税について、第30条において納税の義務、第84条において租税法律主義を規定しています。ところで憲法第14条では平等原則を規定しており、租税立法における定立及び執行においてもこの平等原則が実現されなければなりません。

また、租税法の規定によって、国家が強制的に国民から税金として国民の財産の一部を徴収するわけですが、その規定と憲法第29条によって私有財産が保障されることとの関係が問題となります。ただし、私有財産の保障は絶対的なものではなく、憲法第29条2項において「財産権の内容は、公共の福祉に適合するやうに、法律でこれを定める。」とあることに注意しなければなりません。

そこで筆者は、租税に関しても、この「公共の福祉」の概念が「公序良俗」の概念とどのような関係にあるのか、むしろ、あるべきなのかを探求する必要があると考えました。

例えば、民法学者である伊藤進教授は、「末川博士、我妻博士等の諸見解を踏まえ、現在の公序良俗、不法行為に関する一般的見解は、最高理念

---

4 椿寿夫、伊藤進『公序良俗違反の研究―民法における総合的検討』pp.370、日本評論社、1995.11

としての公序良俗は、信義則と権利濫用と共に横軸座標で並ぶ。」[5]と考えています。しかし筆者は、法律の全体系を支配するものは、その時代におけるcommonsense、言い換えると、その時代の公序良俗であると考えます。そうなると、租税法がその重要な前提の一つとしている民法における信義則及び権利濫用の原則の適用範囲についても、公序良俗の枠内で統制されるべきものと考えられます。

また、公共の福祉は、個人同士で成立することは困難であり、調整役の国家が一つの共同体として公共の福祉のために「個人的自由」及び「全体的平等」の調和をとることが重要であると考えました。

したがって、国家が公共の福祉の用に供するために必要であると判断した場合は、国家による手段（租税法）により私有財産権に対して積極的に関与することを認めています。かつ、その執行により国家財政を維持し社会全体の福祉の向上が可能となると考えられます。この「公共の福祉」の概念は、政策的配慮から制約を受ける場合が多いと考えられ、何が公共の福祉であるかは社会全般を考慮して判定する必要があると考えられます。

このように国家は、公共の福祉の実現に向けて国家財政を構築していくので、公共の福祉は、「法律の全体系を支配する公序良俗」に基づき実現されるべきものであると考えました。

さらに、国民の財産権を制約する租税立法の合憲性の判例として、「租税法の定立については、国家財政、社会経済、国民所得、国民生活等の実体についての正確な資料を基礎とする立法府の政策的、技術的な判断に委ねるほかなく、裁判所は、基本的にはその裁量的判断を尊重せざるを得ないものというべきであり」（最高裁昭和60年3月27日大法廷判決・民集39巻2号247頁）とあります。

確かに、立法府の政策的、技術的及び課税当局の裁量的判断の幅を大き

---

5 椿寿夫、伊藤進『公序良俗違反の研究―民法における総合的検討』pp. 371～379、日本評論社、1995.11

くしてしまうという懸念はありますが、国家全体とともに個人もまた国籍の存在する共同体に属している以上は、その国家の文化向上に尽くすべきであると考えられます。

　個人の自由は、公共の福祉という目的を実現するための手段であるだけでなく、手段である自由そのものの中に目的である公共の福祉＝共同体（国家）の理念が入れ子状態になっていると考えられ、根本理念としての「法律の全体系を支配する公序良俗」は、まさにこの共同体の「公共の福祉＝共同体＝国家」の理念に対応していると考えられます。

　そのために、憲法第29条2項の「財産権の内容は、公共の福祉に適合するやうに、法律でこれを定める。」という文言が存在することは、公共の福祉を達成するために、国家は財政計画を立て国民の私有財産の一部を税金という形で徴収し公序良俗にかなう公共の福祉を達成しようとしている、と解して問題はないと考えました。

　　　　　　　　＊　　　　　　　　＊

　第2に、交際費等の支出の現状及び海外の使途不明金課税、及び我が国における使途秘匿金課税以前の状況を確認します。すなわち、1994年（平成6年）の使途秘匿金課税制度が確立される以前の状況が、どのようなものであったかを調査しました。

　第3に、国税の共通部分となる国税通則法は、1962年（昭和37年）に制定されましたが、その前年の1961年（昭和36年）7月5日に「国税通則法の制定に関する答申」が当時の池田勇人内閣総理大臣に提出されています。その内容を確認し、現代税制を検討するに足りる内容なのか否かを裁判例及び「腐敗の防止に関する国際連合条約」（国連腐敗防止条約）をもとに検証しました。

　第4に、費途不明金及び使途秘匿金の相違の確認及び使途秘匿金の法理・諸説を検討します。本検討は、今までの文献は、「責任説」「政策説」「違法説」が主流でしたが、近年の傾向及び平成26年度改正にみる「恒久

化説」、さらに要望意見書等にみる「高税率変更説」も取り上げ検討しました。また、課徴金制度等に関しても検討しました。特に、課徴金制度は、独占禁止法違反の場合について現状を分析しました。

　　　　　　　　＊　　　　　　　　　　　　＊

　次に**問題提起２**ですが、**第１**に、株主代表訴訟件数等は、事実確認し、「旬刊　商事法務」(2014年（平成26年）６月25日発行) No.2036の61頁及び「資料版商事法務2014年（平成26年）３月号」の57頁から72頁（公益社団法人商事法務研究会）のデータを採用しました。

　使途秘匿金課税の実態調査は、行政機関の保有する情報の公開に関する法律第４条１項の規定に基づき、国税庁に対して情報公開の手続きを行い2014年（平成26年）６月５日付け課法第５-２、５-３号行政文書開示決定通知書を受けました。また、開示の実施方法等について同法律第14条２項及び同施行令第11条２項の規定に基づき、1995年（平成７年）から2012年（平成24年）の事務年度における使途秘匿金課税状況の統計資料を入手し定量分析をしました。

　そして、現在の交際費等課税制度の仕組み、違法支出に関する株主代表訴訟和解事例として「①2009年（平成21年）６月５日　A社、②2009年（平成21年）12月22日　B社、③2010年（平成22年）２月17日　C社、④2010年（平成22年）３月30日　D社」及び「調査報告／提言書　(1)2010年（平成22年）３月29日　A社、(2)2011年（平成23年）３月８日　C社、(3)2011年（平成23年）４月20日　D社、(4)2011年（平成23年）10月３日　B社」を取り上げます。

　しかし、それでもなお企業は違法支出をするという実態を検討、考察しました。公正取引委員会のホームページから「課徴金納付命令」、「(2013年)平成25年度における独占禁止法違反事件の処理状況について」及び2006年（平成18年）から2014年（平成26年）６月19日までの「課徴金減免制度適用事業者一覧」を用いて定量分析を行いました。

特に、課徴金納付命令は、審査過程において認められた事実及び課徴金減免制度の適用事業者について「2013年（平成25年）12月報道発表資料」及び「2014年（平成26年）1月報道発表資料」を用いて図表化しました。なお、課徴金納付命令の推移と対象事業者数の関係図は、公正取引委員会が作成した図を流用（**図表24**）しました。

　第2に、カルテル・談合の状況について、国際的状況における我が国の企業がいかなる状況になっているか、さらに政官業の関係をまとめました。

　第3に、今後クローズアップされてくると予想される違法支出事例（総合ポイントカードを用いた交際費等及び使途秘匿金を損金扱いする事例）を検討し、現行法では違法支出を低減することには有効であるが、実質的には見かけ上の低減でしかないことを検討、考察しました。

＊　　　　　　　＊

　本書の学説としての立場は、法定要件基準説[6]または普遍的法原則基準説[7]のうち、普遍的法原則基準説に立脚した考え方に立ちます。

　特に、本書は、交際費等における違法性支出と考えられる交際費等及び使途秘匿金に焦点を当てるので、公序良俗違反に関する対応を明確に示すために国税通則法を改正する必要があると考えました。

　以上のような考えから、立法の原理は、「法律の全体系を支配する公序

6　違法支出の必要経費・損金性を、もっぱら法定要件該当性のみによって判断する考え方。

7　違法支出について必要経費・損金性を認めると、税法を含む法秩序の一体性あるいはその基礎にある普遍的法原則に反する結果になるので、必要経費・損金性を認めるべきではないとする考え方。

　谷口勢津夫　大阪大学大学院高等司法研究科教授「違法支出論における債務確定主義の意義と機能」『立命館法学2013年6号（352号）』pp. 265〜288、2013によれば、「立法者は、債務確定主義説が事実認定の基準とする、違法支出の反社会性に関する国民の認識あるいは平均的価値判断に関する正確な資料を基礎として、必要経費性・損金性を否認すべき違法支出について、個別的かつ限定的に明文の規定を定めるべきであり、このような立法措置によって、法の秩序の一体性及びその基礎にある普遍的法原則を税法においても実現すべきであろう。」と述べている。

良俗」に従うものです。

　法治国家である我が国の憲法は、直接的に憲法及び租税法を結びつける公序良俗に関する条文は明確化されてはいませんが、各租税法の法律は、立法の原理に則ります。

　したがって、公共の福祉が公序良俗の範囲にあって、それと一体を為すものであることから、租税法は納税者が公序良俗を逸脱しないことを基本前提とすべきです。

　これは、国際的潮流から考えると、2003年（平成15年）10月31日に国連総会で採択された「腐敗の防止に関する国際連合条約（国連腐敗防止条約）」において、我が国も署名はしていますが、いまだに国内法の未整備（過不足がありその整理が必要）及び法務省での検討の遅延により批准していないという課題があります。しかし、世界の潮流は、公序良俗に反する行為は租税法の観点からも違法と考えられています。

　この考え方は、判例法としての欧米に存在する公序の理論に相当するものであると考えられます。

　したがって、法人税法の特則として租税特別措置法における「使途秘匿金支出についての課税の特例の適用期限の廃止」は、所得税法、法人税法及び租税特別措置法という個別法に規定するよりも公序良俗に関する内容は憲法から導き出される国家国民が遵守すべきものですから、租税法における共通部分となる国税通則法を改正することが妥当と考えました。

　また、総合ポイントカード制度による交際費等の支出は、例えば、租税特別措置法第61条の4違反になると考えられますから、同法第61条を改正することが、実社会に即した租税制度の公平性につながると考えました。

　さらに、使途秘匿金課税が40％である意味を税制上どのように考えるかを明確に示すために、同法第62条に「無申告加算税と同等の重加算税である（ここでいう「同等」とは、40％の法人税が課せられるという意味ではなく、国税通則法第68条2項の重加算税の40％が課せられているという意味と同じ法

人税が課せられるということを意味する)。」ことを記載することが、法的安定性、予測可能性を高め納税者の納税意識を高めることになると考えました。

第 2 章

公序良俗と租税法の関わり合い

2.1 市民的公共の福祉と国家的公共の福祉

　公共の福祉に代表される公益概念は、法や政治を考える際の基礎用語です。英米では、パブリック・ウェルフェア（public welfare）及びパブリック・インタレスト（public interest）は、その具体的な内容に不一致があっても市民に対する説得力を持っています。その理由は、公共の福祉の内容を決定する公共性の判断権が社会に留保されている、つまり、社会内での市民共通の理性であるコモン・センスが存在し、国の政治がコモン・センスないし政治世界でのパブリック・オピニオン（public opinion）に依拠して進められる傾向が強いからです。ここでの公共性は、国の政治を進める指針として、社会の側から政府に与えられ、強制されます。これを「市民的公共」と定義します。

　一方、ドイツ及び日本のように遅れて近代化してきた社会では、政府による強力な指導が必要とされ富国強兵の名の下で市民にとって公共善を押し付けられてきました。第二次世界大戦時の我が国における「滅私奉公」というスローガンは、我が国での公概念と私概念の関係を如実に示していると考えられます。国家が、社会の外から高い倫理性を持ち、社会を指導するという考え方の強い社会では、公共性は、市民ではなく国家が作り出し市民に与えられます。これを「国家的公共」と定義します。

　私的利益の飽くなき追求は大きな社会的弊害を生みますが、福祉・環境・都市等の課題を通じて新しい市民的公共の福祉の中身を造り、維持発展させていくことは、公共の福祉にとって重要な課題です。

2.2 日本国憲法に存在する「公共の福祉」

　元来、公共の福祉論は、近世の国家で国王が、支配下にある諸勢力の部分的な利益主張に対抗して、国家全体の利益を主張するために開発された

公共善の理論です。20世紀は、ドイツ、イギリスを中心として公共の福祉論が復活した時期といわれています。アメリカでも、ポリス・パワー論がこれに匹敵します。現代の公共の福祉論は、国家活動を消極的な公共の福祉としての「社会秩序維持のための警察行政」及び積極的な公共の福祉としての「弱者保護のための福祉行政」の二面で把握し是認されています。

日本国憲法では、第13条において「すべての国民は、個人として尊重される。生命、自由及び幸福追求に対する国民の権利については、<u>公共の福祉</u>に反しない限り、立法その他の国政の上で、最大の尊重を必要とする。」と定められています（下線筆者）。ここでいう公共の福祉は、自由国家的な考え及び福祉・社会国家的な考えの両方が含まれています。

＊　　　　　　＊

このように、基本的人権の尊重は、社会秩序維持のための警察行政及び弱者保護のための福祉行政により維持されています。

さらに、憲法第22条１項は、「何人も、<u>公共の福祉</u>に反しない限り、居住、移転及び職業選択の自由を有する。」とあり、第29条２項には、「財産権の内容は、<u>公共の福祉</u>に適合するやうに、法律でこれを定める。」[8]とあります（下線筆者）。

これは、日本国憲法が基本的人権だけでなく、営業の自由及び財産権の保障に関しても社会秩序維持のための警察行政及び弱者保護のための福祉行政を執行する旨を定めたものです。

もう少し同法第29条２項を具体的にいうと、①負担能力のない者から財産権を奪ってはならず、つまり国民は、健康的で文化的な最低限度の生活を維持するために財産権を保障し、"基本的人権としての財産権の不可侵"と考えることができます。そして、②租税は公共の福祉の実現のために最

8　日本国憲法"第３章 国民の権利と義務"の中に、「第29条　財産権は、これを侵してはならない。２　財産権の内容は、公共の福祉に適合するやうに、法律でこれを定める。３私有財産は、正当な補償の下に、これを公共のために用ひることができる。」とある。

低限度の生活を保障する範囲で財産権の侵害を認めると考えることもできます。

そして、憲法第98条１項で「この憲法は、国の最高法規であつて、その条規に反する法律、命令、詔勅及び国務に関するその他の行為の全部又は一部は、その効力を有しない」とし、２項で「<u>日本国が締結した条約及び確立された国際法規は、これを誠実に遵守することを必要とする。</u>」とし、憲法が最高法規としての地位を維持し、併せて条約の遵守も確認されています（下線筆者）。

のちに記述する「腐敗の防止に関する国際連合条約（国連腐敗防止条約）」に、我が国は署名していますが批准していないことが、国際問題になっています。すなわち、公序良俗に関する規定が国内法において未整備という状況ではないのかということなのです。

2.3　公序良俗規範

公序良俗は、個人、国家等の意思を制限する例外ではなく、法を支配する基本理念であり、契約の自由、私的自由、公共の福祉を包含するものと考えることができます。なぜなら、法律において、公序良俗に反する立法は法治国家として認められることはないと考えられるからです。「公序良俗＝基本理念」の内容は、我妻栄博士により次のように定式化されています。「すべての法律関係は、公序良俗によって支配されるべきであり、公序良俗は、法律の全体系を支配する理念と考えられる。」、「民法90条は、個人意思の自治に対する例外的制限を規定したものではなく、法律の全体系を支配する理念がたまたまその片鱗をここに示したに過ぎない。」[9]

我妻博士の考えをまとめると、次の４つの方向性にまとめることができ

9　我妻栄『新訂 民法総則』pp.270〜272、岩波書店、1965.5

ます。
① 法律の全体系を支配する理念が存在する
② 公序良俗は、法律体系を支配する理念である
③ 民法第90条は、法律の全体系を支配する理念の一つの表れである
④ 民法第90条は、個人意思自治に対する例外的制限を規定したものではない

①から③は、**法律の全体系の理念としての公序良俗**を示していますが、④は、異質な感じがします。しかし、その背景にあるものは、個人自由意思もまた**法律の全体系を支配する理念＝公序良俗**に服するとの理解であると考えられます。

同様に、公序良俗を根本理念であると提唱する末川博博士[10]の主張をまとめると、

① 社会の存立と発展とを確保するということは、法律の体系を貫いて流れる根本理想でなければならない
② 公序良俗は、社会の存立と発展の確保のことであり、あらゆる法律的規範の根底に存する公準を示したものにほかならない
③ 法律がいわゆる私的自治または契約の自由を認めるのは、これを認めることによって社会の存立と発展とを確保することができるとするがためにほかならない
④ したがって、公序良俗に反するような効果を生ずべき場合において、いわゆる私的自由または契約の自由が認められる余地はありえない
⑤ 民法第90条は、この法律自身に内在する原理を示して、当然に与えられている法律行為の無効を定めたものにほかならない
⑥ 法律の根本原理として公序良俗の大原則が先在して、その大原則の

---

10 末川博『公序良俗の概念―民法第90条について』『民法論集 続』pp. 11～25、評論社、1962（デジタル化編者：国立国会図書館、2011. 3）

内においてのみいわゆる契約自由の原則が動き得る

　両氏の、①から④は同等の意味を持っています。ただし、我妻博士よりも末川博士のほうが具体的に、「公序良俗は社会の存立と発展の確保」として明示されています。

　すなわち、法の究極の目的は、公序良俗すなわち「社会存立と発展の確保」であり、その手段として私的自治及び契約自由が認められるにすぎないとの考え方が示されています。

　また、伊藤進教授は、「末川博士、我妻博士等の諸見解を踏まえ、現在の公序良俗、不法行為に関する一般的見解については、最高理念としての公序良俗は、信義則と権利濫用と共に横軸座標で並ぶ。しかし、強行法規違反、「不法」及び「違法性」との関係では、そのような横軸座標に並ぶような見解は見当たらない。このことからすると、今日では、**図表3**のように図示することができると推察される。」[11]と述べています。

　　　　　　　　＊　　　　　　　　　　　　＊

　しかし、筆者は、**法律の全体系を支配するものは、その時代々々における納税者のcommonsenseであると考えます。言い換えると、公序良**

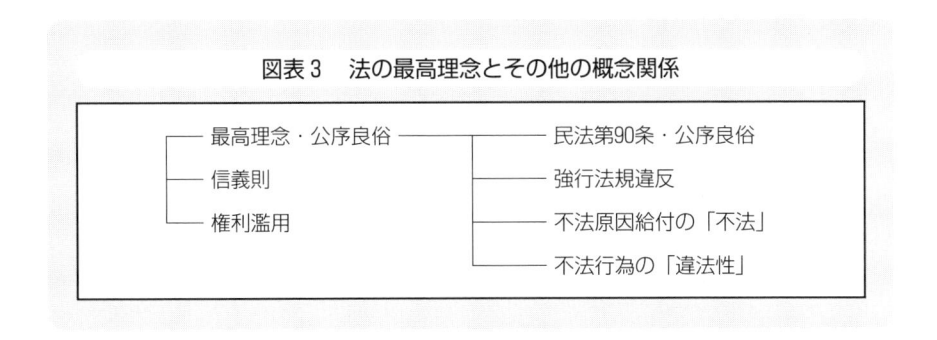

図表3　法の最高理念とその他の概念関係

最高理念・公序良俗	民法第90条・公序良俗
信義則	強行法規違反
権利濫用	不法原因給付の「不法」
	不法行為の「違法性」

11　椿寿夫、伊藤進『公序良俗違反の研究―民法における総合的検討』pp.369～376、日本評論社、1995.11

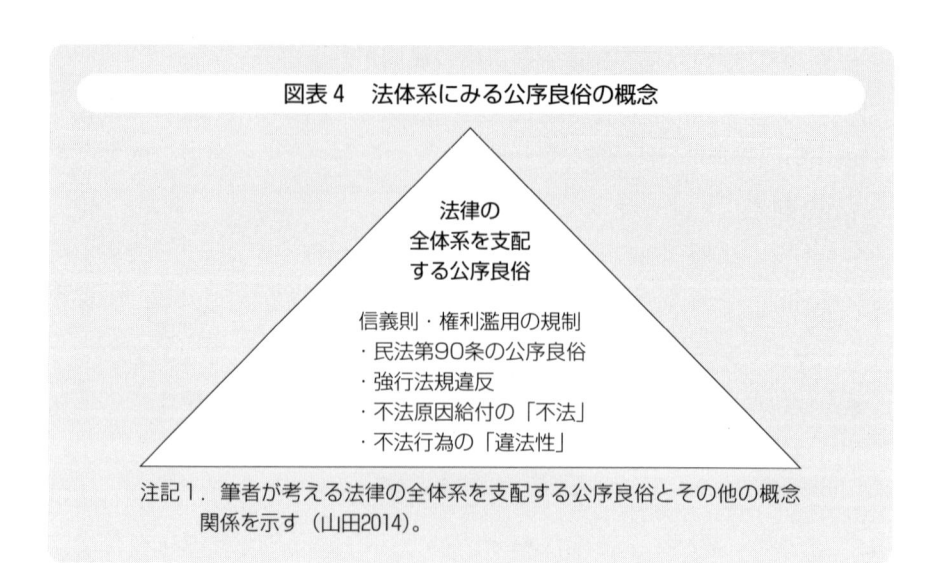

図表4　法体系にみる公序良俗の概念

```
            法律の
           全体系を支配
          する公序良俗

       信義則・権利濫用の規制
       ・民法第90条の公序良俗
       ・強行法規違反
       ・不法原因給付の「不法」
       ・不法行為の「違法性」
```

注記1．筆者が考える法律の全体系を支配する公序良俗とその他の概念関係を示す（山田2014）。

俗であると考えます。そう考えると、信義則及び権利濫用の規制は、公序良俗の枠内で統制されなければなりません。さらに、その下位に民法における公序良俗・強制法規違反・不法原因給付の「不法」・不法行為の「違法性」が位置すると考えられます（図表4参照）。

なお、憲法に「良心」とか「公序良俗」という言葉が出てくる条文は、「第6章　司法」の中の第76条3項に「すべて裁判官は、その良心に従い独立してその職権を行い、この憲法及び法律にのみ拘束される。」という条文及び第82条2項の「裁判所が、裁判官の全員一致で、公の秩序又は善良の風俗を害する虞があると決した場合には、対審は、公開しないでこれを行ふことができる。」とあります。

2.4　自由・平等、公共の福祉と公序良俗

みなさんは、自由と平等それと公共の福祉と公序良俗をどのように結びつけていますか？

ここで目的と手段の観点から自由・平等、公共の福祉及び公序良俗の関係を考えてみます。まず差し当たり、公共の福祉は目的であり、自由、平等は手段と考えることができます。ただし、公共の福祉は、個人同士で成立することは困難であり、調整役の国家が一つの共同体として公共の福祉のために「個人的自由」及び「全体的平等」の調和を取ることが重要ではないでしょうか。

　そのように考えると、公共の福祉と自由・平等は、単純な目的と手段の関係ではありません。

　我妻博士によれば、「国家と個人は有機的に結合された全と個との関係となるべきである。国家すなわち国民が全体として有する主権は、個人の基本的人権を確認・保障することをもってその本質的内容となし、個人の基本的人権は、国家すなわち国民全体の向上発展をもってその本質的内容とするものでなければならない。新憲法は、まず、18世紀の憲法以来の伝統的な自由権的基本権を保障するに当たっても、その濫用を禁じ、「公共の福祉」に適合すべきことを基本的な原理としている。共同体理念においては、個人の全ての権利は、公共の福祉のために義務付けられている。しかも、この義務は、主権者たる国民みずからがこれを自覚し、これに忠実なものでなければならない。**国民は、政府を「われわれのもの」とし、「われわれのために」、「われわれによって」行われるものであることを充分に意識しなければならない。そして生存権的基本権の実現の不充分なことをもって政府だけの責任にすることなく、国民みずからの力によってなすべきものであることを覚悟しなければならない。**」[12]と述べています。

　この考え方からすると、自由は公共の福祉という目的を実現するための手段であるだけでなく、手段である自由そのものの中に目的である公共の

12　我妻栄『新憲法と基本的人権』pp.219以下、國立書院、1948.5
　　ここでいう「新憲法」とは、現在の日本国憲法である。

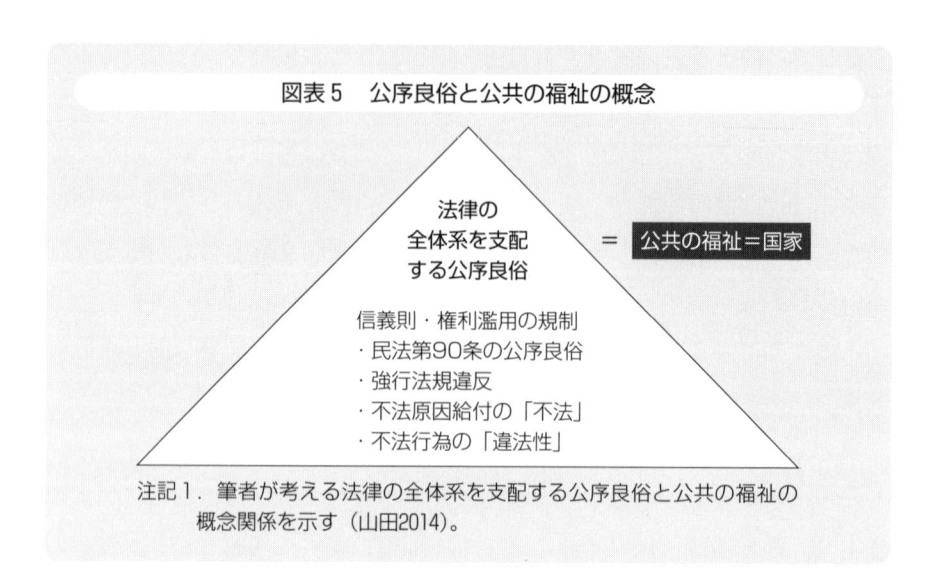

図表5　公序良俗と公共の福祉の概念

法律の全体系を支配する公序良俗 ＝ 公共の福祉＝国家

・信義則・権利濫用の規制
・民法第90条の公序良俗
・強行法規違反
・不法原因給付の「不法」
・不法行為の「違法性」

注記1．筆者が考える法律の全体系を支配する公序良俗と公共の福祉の概念関係を示す（山田2014）。

福祉＝共同体の理念が入れ子状態になっていることがわかります。

　その場合に、前節で述べた通り、**公序良俗が法律を支配する基本理念であり、契約の自由、私的自由、公共の福祉を包含するものであること**を想起すべきです。

　すなわち、**基本理念であり法律の全体系を支配する「公序良俗」は、まさにこの共同体の「公共の福祉＝共同体＝国家」の理念に対応しています**（**図表5**参照）。

　事実、日本国憲法は、自由権的基本権を保障するに当たっても、その濫用を禁じ公共の福祉に適合すべきことを基本原理としています。

　では、公序良俗に関する法の学説は、現在のところどのような理論として提唱されているかを確認すると、山本敬三教授によれば、「①公序良俗法を契約正義論として再構成しようとする見解。②憲法と私法の関係という視点から再構成しようとする見解である。前者は、公序良俗の内実を契約正義から給付の均衡という視点から捉え直し、公法的規制もこうした契約正義を体現したものに関する限り積極的に公序良俗の内容としてとりこ

もうとする考え方である。

一方、後者は、民法第90条により契約を無効にすることは、国家、特に裁判所が基本権としての契約自由を制限することだと捉え、それを正当化するに足るだけの理由が必要であるとする考え方である。

正当化に足る理由としては、①既に契約の制限を認めた広い意味での立法的決定が存在すること。②その契約によって国家が保護すべき義務を負っている。基本権が、過度に侵害されていることを挙げている。」[13]と整理されています。

また、公序良俗違反の判断構造を調べてみると、我妻博士の分類が代表的です。分類は、「①人倫に反するもの、②正義の観念に反するもの（犯罪契約、談合等）、③他人の無思慮・窮迫に乗じて不当の利を博する行為（暴利行為等）、④個人の自由を極度に制限するもの、⑤営業の自由の制限、⑥生存の基礎たる財産を処分すること、⑦著しく射倖的なもの」[14]の7つに分類し、公序良俗の内容を非常に広範囲なものと捉えているとともに、人倫・社会正義を公序良俗の代表格としています。

2.5 公法と私法の検討

取引関係を支配する規範として取引慣習及び商慣習の他、商法、会社法、金融商品取引法があります。その他に公法として租税法、独占禁止法、不正競争防止法、各種業法が存在します。

原則として私法は、国家とは切り離された個人相互間の自由な活動としての経済活動を規律する法です。一方、公法は、国家の活動を規律する法として捉えることができます。

13　山本敬三『公序良俗論の再構成』pp. 5、53〜55、188〜189、有斐閣、2000. 1
14　我妻栄『新訂 民法総則』pp.272以下、岩波書店、1965. 5

もっとも、私法もまた国家法としての側面を持ち、裁判所も国家機関ですから、国家が判決を下していると見ることができます。

　さて、公法の一つである取締法規は、「国家が、取締法規を通じて一定の行為を禁止ないし命令し、その違反に対して制裁を定めたりするのは、それによって他の個人の基本権を保護し、あるいは支援するためだとみることができる。」[15]とされています。

　すなわち、取締法規は、その法律を通じて憲法第13条を国民に確約するための一つの手段なのです。

＊　　　　　　　　　＊

　さらに、その他の法律に関して「公共の福祉」に関する条文を確認してみると、行政事件訴訟法の条文の中の、第25条（執行停止）1項において、

　「処分の取消しの訴えの提起は、処分の効力、処分の執行又は手続の続行を妨げない。」とあり、4項では、「執行停止は、<u>公共の福祉</u>に重大な影響を及ぼすおそれがあるとき、又は本案について理由がないとみえるときは、することができない。」とあります（下線筆者）。

　また、第31条（特別の事情による請求の棄却）1項において、

　「取消訴訟については、処分又は裁決が違法ではあるが、これを取り消すことにより公の利益に著しい障害を生ずる場合において、原告の受ける損害の程度、その損害の賠償又は防止の程度及び方法その他一切の事情を考慮したうえ、処分又は裁決を取り消すことが<u>公共の福祉</u>に適合しないと認めるときは、裁判所は、請求を棄却することができる。この場合には、当該判決の主文において、処分又は裁決が違法であることを宣言しなければならない。」とあります（下線筆者）。

　法の適用に関する通則法（2006年（平成18年）6月21日法律第78号）に関しては、第42条（公序）において、「外国法によるべき場合において、そ

15　山本敬三『公序良俗論の再構成』pp.250、有斐閣、2000. 1

の規定の適用が公の秩序又は善良の風俗に反するときは、これを適用しない。」とあります。

　　　　　　　　　　　＊　　　　　　　　　＊

　国税徴収法においては、第173条（不動産の売却決定等の取消の制限）に「第171条第１項第３号（公売等に関する不服申立ての期限の特例）に掲げる処分に欠陥があることを理由として滞納処分に関する不服申立てがあつた場合において、その処分は違法ではあるが、次に掲げる場合に該当するときは、税務署長、国税局長若しくは税関長又は国税不服審判所長は、その不服申立てを棄却することができる。」とあり、２号において、「換価した財産が公共の用に供されている場合その他その不服申立てに係る処分を取り消すことにより公の利益に著しい障害を生ずる場合で、その不服申立てをした者の受ける損害の程度、その損害の賠償の程度及び方法その他一切の事情を考慮してもなおその処分を取り消すことが<u>公共の福祉</u>に適合しないと認められるとき。」とあります（下線筆者）。

　租税法規については、そもそも一般的に財産権の制約を内容とするところから、その合憲性の判断基準が問題となります。これに関する判決例を確認してみると、例えば大阪地裁判決1991年（平成11年）２月26日の固定資産評価基準に関する判決例が存在します。

　判決文では、「固定資産税は、固定資産を有する事実に着目し、その適正な時価を課税標準とする財産税であるところ、既に見たとおり、課税要件（納税義務者、課税物件、課税標準、税率等）及び租税の賦課徴収の手続は法律によって定められる必要があるが、右は、同時にいかなる課税要件を定めるかは憲法上法律に委ねられていることも意味している。

　そして、課税要件等を定めるについては極めて専門的技術的な判断を必要とすることは明らかであって、<u>租税法の定立については、国家財政、社会経済、国民所得、国民生活等の実体について正確な資料を基礎とする立法府の政策的、技術的な判断に委ねるほかなく、裁判所は基本的にはそ</u>

の裁量的判断を尊重せざるを得ないものというべきであり（最高裁昭和60年3月27日大法廷判決・民集第39巻2号247頁参照）、結局、固定資産の評価の基準を定めるに当たり、固定資産の利用の形態と状況、その所有者の経済的状態の相違等をどのように、どこまで勘案すべきかは、立法府の広範な裁量に委ねられる性質のものであると解される。

したがって、固定資産の評価の方法を規定した法律は、著しく不合理と認められない限り違憲の問題は生ぜず、さらに、固定資産の評価の方法が法律により適法に自治大臣の定める告示に委任されている固定資産評価基準においては、同様に、告示において定められた固定資産の評価方法である売買実例方式が著しく不合理と認められない限り違憲の問題は生じないというべきである。」とあります（下線筆者）。

上記の下線部は、給与所得者について必要経費の実額控除が認められないこと等が、給与所得者を事業所得者と比べて差別するものであり、憲法第14条（法の下の平等）「すべて国民は、法の下に平等であつて、人種、信条、性別、社会的身分又は門地により、政治的、経済的又は社会的関係において、差別されない。」に違反するとして争われたいわゆる大島訴訟の判決文を引用しています。

ちなみにこの判決は、大阪高裁の控訴審（2001年（平成13年）2月2日）においても維持されています。

その他に、租税回避事案において、前述の「法の適用に関する通則法第42条」の適用により国内公序である私法の適用を認めたファイナイト再保険契約事件（東京高裁2010年（平成22年）5月27日判時2115号35頁）があります。

2.6 小括

　上記の先行研究調査から本書では、平常時の自由民主主義近代法治国家における「公序良俗」、「公共の福祉」及び「租税法」の関係を次のようにまとめることとします。

(1) 公序良俗（公の秩序又は善良の風俗）は、立法原理であり、憲法を頂点とする我が国の法令体系が従うべき規範である。公共の福祉は、この公序良俗の範囲内にあって、それと一体を為す
(2) 憲法上、財産権は公共の福祉の制約に服さなければならない
(3) 租税は、公共の福祉を実現するための制度であり、租税法が公共の福祉のために国民の財産権を制約することはやむを得ない
(4) 公共の福祉が、公序良俗の範囲内にあって、それと一体を為すものであることから、租税法は納税者が公序良俗を逸脱しないことを基本前提とすべきである

第3章

交際費等及び
使途秘匿金支出の検討

3.1　租税特別措置法の目的と意義

　所得税法や法人税法の特則としてある租税特別措置法は、租税の持つ誘因効果（インセンティブ）から、ある特定の政策目的を達成するために本法とは別に租税の法律を定めたものです。したがって、政策を達成するための意義及び租税の公平性・中立性の原則を犠牲とする場合も生じると考えられます。なお、立法するにあたってはその特殊性を鑑み、政策自体の合理性、妥当性、優先度を十分に検討した上で、かつ他の政策手段と比較検討した上で、立法化する必要があります。

　租税特別措置法の意義は、税制調査会答申[16]において「租税負担の公平」となる意義があると述べている答申が多く存在します。この租税負担基準に関しては、憲法第14条1項の平等原則を前提とし、義務説及び応能説を根拠[17]としています。

　また、租税特別措置は、租税負担の公平性として意義はあると考えられますが、「法的限界を浮き彫りにする関係にある。」[18]と述べる研究者も存在します。

3.2　勘定科目別課税制度の沿革（交際費等、費途不明金、使途秘匿金）

1　交際費等

　交際費等課税が、租税特別措置法に設けられたのは、1954年（昭和29年）です。本改正案は、税制調査会等において全く審議はなく、突如として法

---

[16] 税制調査会において租税特別措置が「租税負担の公平」となる基準に関して述べている答申には、1960年（昭和35年）度答申、1976年（昭和51年）度答申、1987年（昭和62年）度答申、1996年（平成8年）度答申、2010年（平成22年）度答申がある。
[17] 谷口勢津夫『税法基本講義（第4版）』pp.15〜16、弘文堂、2014.2、及び最高裁1985年（昭和60年）3月27日「民集（39巻2号）」247頁

制化されたようです。これに対して、財界等からはかなりの反発がありました。当時の衆議院大蔵委員会議事録1953年（昭和28年）2月14日によると大泉委員と渡辺（喜）政府委員との間で、

「〈大泉委員〉会社の交際費の一定額以上は利益としてみなして課税するということでございます。こうゆうことは株主が言うのだったら問題ないが、政府としてこんなことはよけいなおせっかいであります。…中略…株主の総意にまかすべきじゃないか。

〈渡辺（喜）政府委員〉確かにこれは倫理的にいいか悪いかという問題については、政府の関することではないという御批判もあり得ると思っております。…中略…やはり資本蓄積のためにこういう制度があってかえっていいのではないかと考えまして、さような制度を設けた次第であります。」[19]

との答弁があります。

その後、1956年（昭和31年）12月の臨時税制調査会答申において、「交際費等の相当の部分は、営業上の必要に基づくものであり、ただちにその全額を濫費と称することはできない。しかし、戦後経済倫理のし緩等によっ

---

18 中里実「法人課税の再検討に関する覚書―課税中立性の観点から―」『租税法研究（19号）』pp.37、1991
　末永英男『「租税特別措置法」の総合分析―租税法、租税論、会計学の視点から―』pp.37、中央経済社、2012.3
　中里教授の示唆として下記のように記載されている。
　「租税特別措置という概念は、何らかの種類の理想的課税制度を念頭において、その制度からはずれる措置を批判するために用いられる言葉であろう。したがって、一人の人間が他の人間と異なる理念を租税制度について抱いているとき、両者の思い浮かべる租税特別措置も異なったものになるであろう。追い求める理念が違えば、その理念からの逸脱である租税特別措置の意味・内容・範囲も違ってくる。ただ、いかなる租税制度を理想的なものと考えるにせよ、その者の理想的租税制度に関する考え方は首尾一貫したものである必要があろう。なぜなら、租税制度の中で首尾一貫性が破れたところに生ずる問題こそ、租税特別措置であり、首尾一貫した考え方に基づいて租税制度を組み立てれば、租税特別措置も原則として生み出されていくと思われるからである。」
19 武田昌輔『法人税回顧60年　企業会計との関係を検証する』pp.93、TKC出版、2009.9
　武田氏は、昭和40年の法人税法全文改正担当者であった。

て企業の経理が乱れ、このため、一方では役員及び従業員に対する給与が、旅費、交通費等の形で接待をするとか、事業関係者に対しても、事業上の必要をこえた接待をする傾向が生じている。このため企業の資本蓄積が阻害されていることは、争えない事実である。」[20]と認識されていました。

したがって、当時の法人の自己資本比率の低さが問題[21]とされ、1954年（昭和29年）に資本充実のため資産再評価等の特別措置法（法律第142号）[22]が公布されています。

また、1964年（昭和39年）の答申から、法人の資本蓄積を理由とした記述がなくなり、交際費等の支出に関する課税の強化が必要であるという表現に変わっていきました。その後、1976年（昭和51年）度の答申からは、交際費等支出に対する強い社会的批判[23]があげられるようになり、政策的意味合いが強くなっていきました。

その後、本制度は、度重なる強化がされました。そして、1982年（昭和57年）改正により資本金1億円超の法人に関して交際費等は損金不算入となりました（措法61の4①）。

2014年（平成26年）度税制改正では、この交際費等の損金不算入制度について、その適用期限を2016年（平成28年）3月31日まで2年延長するとともに、交際費等のうち飲食その他これに類する行為のために要する費用（社内飲食費を除く。以下「飲食費」という）であって、帳簿書類に飲食費であることについて所定の事項が記載されているもの（以下「接待飲食費」

20　臨時税制調査会「臨時税制調査会答申」pp.135、1956.12
21　1954年当時の経済企画庁は、1934年（昭和9年）から1936年（昭和11年）における企業の自己資本比率が61%であったが、1953年（昭和28年）上期の自己資本比率は、35%となっていたことから自己資本の充実ということがいわれた。
22　本法律は、1967年（昭和42年）に廃止された。
23　国会において議論となり、1974年（昭和49年）2月22日衆議院本会議において、佐藤観樹議員は、「水ぶくれ経済から水を抜くために、企業の使う膨大な交際費に対して課税を強化する必要があります。国税庁の調べでは、47年度の交際費は、何と1兆3,255億円、悪名高い本年度の防衛費1兆900億円をはるかにこえて…中略…社用族天国日本の名はほしいままであります。」

という)の額の50％に相当する金額を超える部分の金額は損金の額に算入することとされた(措法61の4①④、措規21の18の4)。[24]と記載されています。

なお、アメリカの内国歳入法に関する法人事業税では「公序良俗に反する支出は、控除することはできない。例えば、公務員（政府職員）に対する贈賄は、会計上の費用であっても税法上は控除できない（法162条(c)(1))。」[25]とあります。

2　費途不明金（使途不明金）

現在の費途不明金（使途不明金）の損金不算入が初めて通達に明らかにされたのは、1950年（昭和25年）です。その後、費途不明金（使途不明金）の損金不算入は通達で定められた理由として、法定するまでもなく条理上当然[26]のことであるという説明がされています。

そこには、費途不明金（使途不明金）の損金不算入の法理として、「法人税の損金には事業関連性があるものでなければならないが、費途不明金（使途不明金）はそれが不明であるから、損金にならないというものである。」[27]とあります。

次に、「法人税の損金は、原価、販売費・一般管理費その他の費用および損失であるが、費途不明金（使途不明金）はこれら損金のいずれにも該当しないという考え方である。また、法人税の損金は一般に公正妥当と認められる会計処理の基準に従って計算されるが、費途不明金（使途不明金）を損金として認めることは公正妥当な会計処理とはいえない、という考え

24　国税庁ホームページ、ホーム＞税について調べる＞パンフレット・手引き＞接待飲食費に関するFAQ、https://www.nta.go.jp/shiraberu/ippanjoho/pamph/hojin/settai_faq/01.htm
25　伊藤公哉『アメリカ連邦税法（第3版）所得概念から法人・パートナーシップ・信託まで』pp.183、中央経済社、2005.9
26　成松洋一『法人税セミナー（3訂版）―法人税の理論と実務の論点―』pp.213～220、税務経理協会、2004.7
27　居林次雄「税法上の使途不明金」『税経通信（第48巻第15号）』pp.27、1993.12

方もある。」[28]と述べられています。

3 使途秘匿金

　使途秘匿金が、新たに税制措置として講じられたのは1993年（平成5年）のいわゆるゼネコン汚職をきっかけにして生じた各界からの強い要請を踏まえてのものです。

　この部分については、本章の3.10 2 使途秘匿金課税に関する諸説にて1994年（平成6年）度税制答申の政策説として論じていますが、税制答申において「企業活動や税制執行にどのような影響を及ぼすことになるか必ずしも予測しがたいことにかんがみ、時限的なものに止めることが適当である。」と述べています。

　この点に関して、当時、大蔵省主税局税制第一課係長の瀧澤正樹氏は、制度の趣旨として、「企業が相手先を秘匿するような支出は、違法ないし不当な支出につながり易く、それがひいては公正な取引を阻害することにもなるので、そのような支出を極力抑制するために、政策的に追加的な税制負担を求めることとされたものである。」[29]と述べています。

　立法当時、租税特別措置法第62条において、「**使途秘匿金を支出した場合は、通常の法人税の額に、当該使途秘匿金の支出額の40％相当額を加算した金額を納税しなければならない。**」としました。

　また、「税理」（2014年6月臨時増刊号 Vol.57　No.8、341頁）[30]によれば、「本制度は、法人は、使途秘匿金の支出について納税義務があるものとし、法人が1994年（平成6年）4月1日から2014年（平成26年）3月31日までの間に使途秘匿金の支出をした場合には、通常の法人税に加え、使途秘匿

28　成松洋一『法人税セミナー（三訂版）―法人税の理論と実務の論点―』pp.215、税務経理協会、2004.7
29　瀧澤正樹『租税特別措置法等（法人税法関係）の一部改正について』『税経通信（第49巻第8号）』pp.162、1994.6
30　日本税理士会連合会『税理（6月臨時増刊号、Vol.57　No.8）』pp.341、2014.6

金の支出額の40％相当額の法人税を課税するというものである。(旧措法62条) なお、連結納税制度の場合についても、同様の措置が講じられている (旧措法68の67)。」とあります。

結果的に、使途秘匿金課税は、もっぱら政策目的を重視した課税制度と考えられてきました。そして、支出額の40％相当額を加算した金額を納税しなければならないことから、交際費等と比較して不正性が強いと考えられ、不正対策としての課徴金的意味合いが重視されてきたのではないかといえます。

3.3 法令・通達の改正からみた沿革

総合的に、法令・通達の改正から各勘定科目を見直してみると、次の通りとなります。

1 1950年（昭和25年）の旧法人税法基本通達269（昭和25年9月25日付け直法1-100）

通達269は、「法人が交際費、機密費、接待費等の名義をもって支出したものでその費途が明らかでないもの及び会社業務に関係ないと認められるものは損金に算入しない。」とあります。

2 1954年（昭和29年）通達改正～1969年（昭和44年）法人税法改正以前

交際費等の費途不明金のうち寄附金に該当する部分を分離し、法人支出の費途不明交際費等を役員賞与として損金不算入とすることとされました。確定決算主義が採用されていなかったので、法人税法で損金概念を定めなければなりませんでした。

3　1969年（昭和44年）の法人税法基本通達 9 – 7 –23（昭和44年 5 月 1 日付け直審（法25））

「法人が交際費、機密費、接待費等の名義をもって支出した金銭でその費途が明らかでないものは、損金の額に算入しない。」とあります。本通達は、旧通達269の後半部分の文言（会社業務に関係がないと認められるもの）が削除されています[31]。

また、確定決算主義が採用され、法人税法上の別段の定めがあるものを除いて会計上の費用は、原則損金となりました。

4　1969年（昭和44年）～1993年（平成 5 年）度末

会計上の費用のうち、費途不明支出に関して費途不明金通達により、交際費等に限定されることなく損金不算入となりました。

すなわち、交際費等の費途不明金を役員賞与とみなすのではなく、使途不明支出を根拠に法人税法の個別規定を照会し損金不算入としました。

5　1994年（平成 6 年）度以降

1994年（平成 6 年） 4 月 1 日に使途秘匿金課税が創設されました。交際費等の費途不明金支出を根拠とした損金不算入扱いから、租税特別措置法による使途秘匿金課税の要件が明確化されました。その結果、費途不明金に関する基本通達の存在意義が希薄化しました。

現在、費途不明金（使途不明金）は法人税法基本通達にその根拠を置き、使途秘匿金は租税特別措置法にその根拠を置いています。

31　海野安美『使途不明金』pp. 44～45、税務研究会、1979年（昭和54年） 1 月発行には、削除された理由として「『会社業務に関係がないと認められるもの』となると、使途の内容および支出の相手方が判明していることを前提としてのものとなり、そうであれば当該支出は贈与（寄附金の支出）その他その支出の実情に応ずる費用として処理すべきものとなり、使途不明金を損金とみないとする定めに包括されるべきものではないことから削除されたものと考える。」と記載されている。

3.4 交際費等の支出の現状

実際に支出している交際費等の支出状況はいかなるものかを確認してみましょう。

交際費等の支出状況に関するデータは、国税庁のホームページから取得することが可能です。

そこで、「長期時系列データ会社標本調査結果」及び平成23、24年度の「会社標本調査結果 統計表 第6表 寄附金、交際費等」[32]を組み合わせて、最新の支出交際と営業収益との相関関係を、①全産業、②建設業、③支出交際費合計と営業収益合計の関係が最も強い産業について確認してみました。

1 全産業における支出交際費と営業収益の関係

全産業に関しての相関図に用いたデータ年度は、1961年（昭和36年）から2012年（平成24年）までを利用しました。

その結果、相関係数は $R^2=0.7688$ となり、産業活動において、支出交際費と営業収益には強い相関関係があります（**図表6**参照）。

2 建設業における支出交際費と営業収益の関係

相関係数は $R^2=0.8901$ となり、全産業の場合よりも建設業は、産業活動における支出交際費と営業収益に非常に強い相関関係があります（**図表7**参照）。

32　国税庁ホームページ「標本調査結果 長期時系列データ 会社標本調査結果」
https://www.nta.go.jp/kohyo/tokei/kokuzeicho/jikeiretsu/01_03.htm
・会社標本調査結果（平成23年度）統計表　第6表　寄附金、交際費等
https://www.nta.go.jp/kohyo/tokei/kokuzeicho/kaishahyohon2011/kaisya.htm
・会社標本調査結果（平成24年度）統計表　第6表　寄附金、交際費等
https://www.nta.go.jp/kohyo/tokei/kokuzeicho/kaishahyohon2012/kaisya.htm

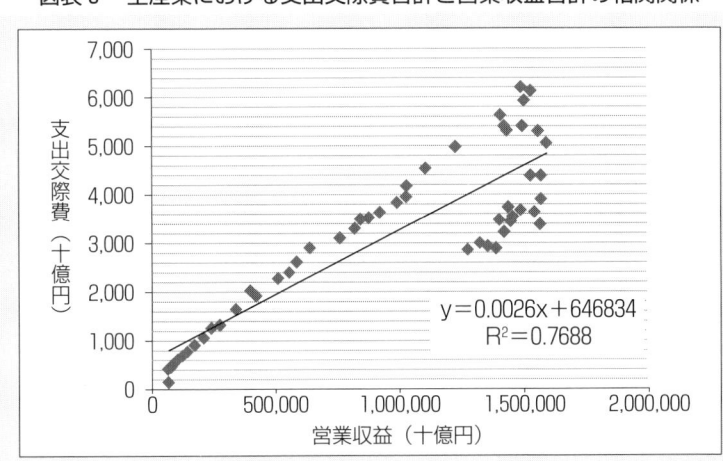

図表6　全産業における支出交際費合計と営業収益合計の相関関係

$y = 0.0026x + 646834$
$R^2 = 0.7688$

注記1．データは、脚注32の国税庁ホームページ「標本調査結果　長期時系列データ　会社標本調査結果」及び平成23、24年度の「会社標本調査結果　統計表　第6表　寄附金、交際費等」を用いた。
　　2．データの年度は、1961年（昭和36年）から2012年（平成24年）までを使用した。

　交際費等の定義から「交際費等とは、交際費、接待費、機密費その他の費用で、法人が、その得意先、仕入先その他事業に関係のある者等に対する接待、供応、慰安、贈答その他これらに類する行為のために支出するもの」をいう。（ただし、平成26年度の改正により一部に関して交際費等のうち飲食費の一部は損金扱いとなる）わけですから、この交際費等の中には、
① 　隣接勘定科目として分類されているが交際費等相当の費用
② 　費途不明金に分類される費用
③ 　隣接勘定科目及び交際費等として分類されているが、税務調査により隠ぺい又は仮装行為により実質的に使途秘匿金として取り扱うべきものとされている費用
が含まれていると考えられます。

図表7　建設業における支出交際費合計と営業収益合計の相関関係

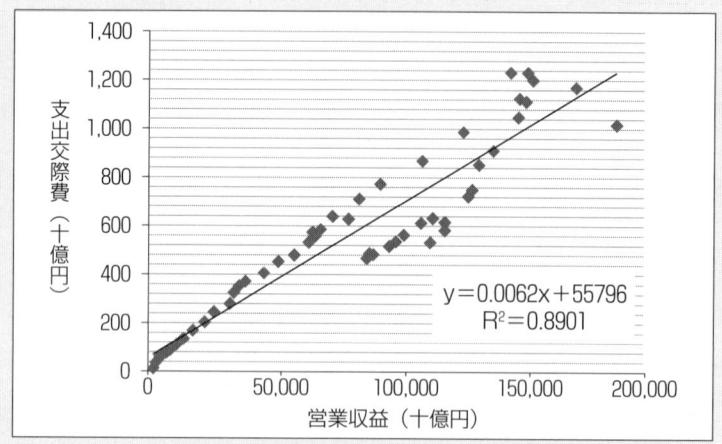

$y = 0.0062x + 55796$
$R^2 = 0.8901$

注記1．データは、脚注32の国税庁ホームページ「標本調査結果　長期時系列データ　会社標本調査結果」及び平成23、24年度の「会社標本調査結果　統計表　第6表　寄附金、交際費等」を用いた。
　　2．データの年度は、1961年（昭和36年）から2012年（平成24年）までを使用した。

3　支出交際費と営業収益の関係が最も強い産業（農林水産業）

　相関係数は$R^2=0.907$となり、建設業の場合よりも農林水産業は、産業活動における支出交際費と営業収益にはどの産業より強い相関関係があります（**図表8**参照）。

　この場合も、建設業と同様に、

① 隣接勘定科目として分類されているが交際費等相当の費用
② 費途不明金に分類される費用
③ 隣接勘定科目及び交際費等として分類されているが、税務調査により隠ぺい又は仮装行為により実質的に使途秘匿金として取り扱うべきものとされている費用

が含まれていると考えられます。

　額こそ建設業ほど大きくはありませんが、ある一面からみれば農林水産

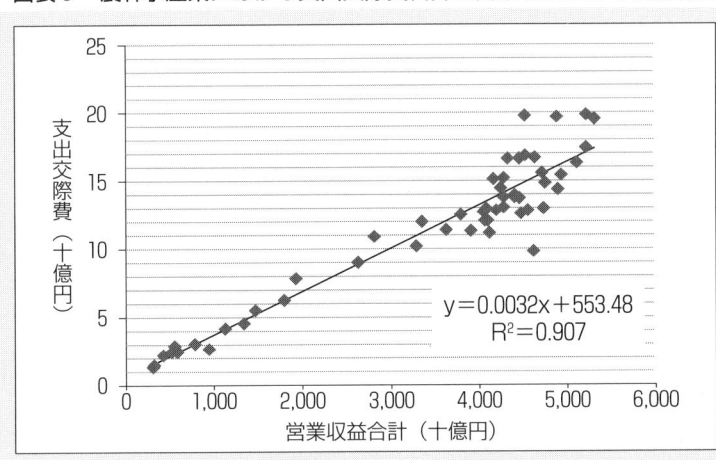

図表8　農林水産業における支出交際費合計と営業収益合計の相関関係

$y = 0.0032x + 553.48$
$R^2 = 0.907$

注記1．データは、脚注32の国税庁ホームページ「標本調査結果　長期時系列データ　会社標本調査結果」及び平成23、24年度の「会社標本調査結果　統計表　第6表　寄附金、交際費等」を用いた。
　　2．データの年度は、1961年（昭和36年）から2012年（平成24年）までを使用した。

業は交際費等を支出すると仕事を得られる可能性が高い業種ということもいえます。そこには、補助金等の制度も関与しているおそれがあることも考えられます。

　このように、支出交際費の中には、交際費扱いとして経理処理した一部に使途が不明、隠ぺい又は仮装されている支出が存在すると考えられます。なぜなら、小規模資本の企業では税務調査がすべて執行されることはなく、特に同族企業においては不明な点も多いという自明の事実が存在するからです。また、交際費等を主として扱うトンネル企業も存在するからです。

　その他の業種も分析してまとめてみると、相関関係が0.5以下の業種は機械工業及び出版印刷業の2業種のみとなりました。

　このことから、交際費等の支出は、ある一面において営業収益と相関関係が高く事業の活性化に役立っているといえます（**図表9**参照）。

図表9　業種別支出交際費合計と営業収益合計の相関係数

業種別	支出交際費合計と営業収益合計の相関係数
農林水産業	0.907
建設業	0.8901
卸売業	0.8085
サービス業	0.7749
全産業	0.7688
化学工業	0.7558
料理飲食旅館業	0.7375
小売業	0.728
金融保険業	0.7245
不動産業	0.7112
運輸通信公益事業	0.5952
機械工業	0.4958
出版印刷業	0.4534

3.5　使途秘匿金課税以前の使途不明金状況

　右山昌一郎博士の調査[33]によれば、我が国おける1989年（平成元年）から1991年（平成3年）事務年度までの使途不明金（調査課所管法人に限る）の状況は、多額に上っていることが理解できます（**図表10**参照）。

33　右山昌一郎『商学論纂（（中央大学商学研究会）第36巻　第5・6号）』pp.113～134、1995.3

図表10　使途秘匿金課税がされる以前の使途不明金状況（一部）

項　目		単位	1989年	1990年	1991年
使途不明金把握法人数		法人	598	585	554
使途不明金総額		億円	563	476	558
使途が判明したもの		億円	116	106	139
使途内訳	リベート・手数料	億円	28	28	42
	交際費	億円	63	57	60
	その他	億円	25	21	37
使途が判明しないもの		億円	447	370	419

注記１．この表は、脚注33から流用した。
　　２．調査課所管法人のうち実地調査を行ったものについて集計したものである。
　　３．事務年度は、その年の７月１日から翌年の６月30日までの期間をいう。

3.6　「国税通則法の制定に関する答申」にみる公序良俗

　国税通則法は、1962年（昭和37年）４月２日に法律第66号として立法化されました。この国税通則法を制定するために、３年もの長期にわたり審議がされ、その審議を踏まえた税制調査会答申[34]が、昭和36年７月５日に、池田勇人内閣総理大臣に提出されています。

　その中の、第２実質課税の原則[35]等の「４無効な法律行為、取り消しうるべき法律行為等と課税との関係」に関して、「課税の起因となるべき行為が法令による禁止その他公序良俗に反する場合においても、課税を妨げないと解されているが、これを明らかにする規定を設けるものとする。」とあります。

34　税制調査会「国税通則法の制定に関する答申（税制調査会第二次答申）及びその説明」1961．7

また、答申別冊には、第2章 実質課税の原則、等第3節 無効な法律行為、取り消しうべき法律行為等と課税に関して、3・1の1 無効な法律行為、取り消しうべき法律行為と課税(1)には、「虚偽表示及び公序良俗に反する行為は、無効なものとされる。また、意思表示の欠陥等により法律行為が無効とされることもある。このような無効な行為がなんらの経済的結果を生じないときは、課税上問題はない。

　これに対し、無効な法律であるが、その無効であることが知られず、経済的効果が発生し、かつ、そのまま存続しているとき又は無効行為の転換によって経済的効果が有効に維持されているときは、課税が実質的負担力に応じてなされるべきであることから、それに対して課税がされなければならないことはいうまでもない。なお、これに関する規定はないが、実務上はそのように扱われている。」[36]とあります（下線筆者）。

　さらに、3・2 不法原因所得と課税では、「国家の政策的な禁止規定に反する行為、善良な風俗に違反する行為等」の不法原因に基因する所得に対しては、現行の取扱い上一般的に課税が行われている。」、「場合によっては、非合法的な原因によって生ずることもありうる。この場合においても、資力そのものが否定されない限り、それは課税の対象となるべきもの

35　現在は、実質所得者課税の原則と呼ばれており、法律上の権利関係に即して所得の帰属を判定すべきであるという「法律的帰属説」と、経済的な支配関係に即して判定すべきであるという「経済的帰属説」がある。法人税法第11条（実質所得者課税の原則）で「資産又は事業から生ずる収益の法律上帰属するとみられる者が単なる名義人であって、その収益を享受せず、その者以外の法人がその収益を享受する場合には、その収益は、これを享受する法人に帰属するものとして、この法律を適用する。」と規定している。同様に所得税法も第12条で規定している。

　なお、東京高等裁判所昭和55年7月4日の判決では、所得税法第12条について「資産の法律上の帰属者と収益者の経済的実質的な享受者とが異なる場合には、常に右実質的な享受者の所得として課税するという趣旨のものではなく、資産の名義人が「単なる名義人」である場合には当該名義人をもって収益の帰属者としない、という趣旨を定めているにすぎないものと解される。」と判示している（税資第141号766頁）。本判決は、法律的帰属説に立つものと考えられる。

36　税制調査会「国税通則法の制定に関する答申（税制調査会第二次答申）及びその説明 答申別冊」pp.22、1961.7

であるというのである。」、「このことは、<u>税法上明らかにすることが望ましいことはいうまでもないから、国税通則法を制定する機会に、上記のことを立法的に明らかにすべきであると考える。</u>」[37]とあります（下線筆者）。

最終的に本答申では、「所有権移転のいかんにかかわらず、給付の受給者においてその物を経済的用法に従って使用、収益又は処分できるかどうか、あるいは資産の積極的増加となっているかどうか等の点に着目して課税の可否を決めるべきであるという意見もあるのでこの点についてはなお<u>検討を続けることとすべきである。</u>」[38]と締めくくっています（下線筆者）。

このように、国税通則法を制定するにあたり、公序良俗に反する行為に対して、明文化し課税することを立法化しようと考えていたことがわかります。

しかし、「公序良俗」という文言は、使われずに制定されました。それは、時代に応じた対応をどのようにすべきかとの議論が十分できていなかったため、下線部のように「検討を続けることとすべきである。」となったと考えられます。

なお、現在に至るまでそのような検討は十分に実施されているとは筆者は考えていません。

したがって、当時、検討していた「公序良俗違反行為」を国税通則法において明文化することは、複雑化する経済社会に一筋の光明を与えるものとなると考えます。

---

[37] 税制調査会「国税通則法の制定に関する答申（税制調査会第二次答申）及びその説明 答申別冊」pp.24、1961.7
[38] 税制調査会「国税通則法の制定に関する答申（税制調査会第二次答申）及びその説明 答申別冊」pp.24〜25、1961.7

3.7　違法性のある交際費等の支出

碓井光明教授のによれば、「従来、ドイツでは、租税はモラルの観点から中立であるべきであるという考え方に立ち、不法所得も課税の対象となるのと同様に、違法な交際費等の経費も損金として控除になると扱われてきている。これに対し、アメリカでは、ある特定の行為を禁止している連邦又は州のパブリック・ポリシーに対する場合には、そのような経費を否認すべきであるという考え方が判例の集積を経て打ち立てられており、罰金のほか、脱税工作費、賄賂等がパブリック・ポリシーに反する支出としてその損金控除が否認されている。」[39]とあります。

そのような中で、我が国では、租税法の解釈についてドイツ的な発想において、税法の中立性が租税三原則からもうかがえます。

しかし、本当にそれでよいのかという疑問が生じるのです。なぜなら、租税法上において、実定法規がない場合でも、他の実定法規が禁止している事項に関して、その実定制度において統一的解釈をする必要があるのではないかと考えられるからです。

例えば、賄賂が業務関連性、必要性、妥当性から考えて認められる場合でも、必要経費又は交際費等と考えること自体が、立法原理である公序良俗及び公共の福祉に反する行為と考えることが必要です。

3.8　費途不明金及び使途秘匿金の課税要件に関する相違

次に、交際費等として分類された勘定科目に関して法人税法基本通達における費途不明金及び租税特別措置法における使途秘匿金が存在していた

39　碓井光明「米国連邦所得税における必要経費控除の研究(4)」1976年（昭和51年）

第3章　交際費等及び使途秘匿金支出の検討

場合の課税要件に関する相違を比較してみることにしましょう。

1　金銭支出としての費途不明金及び使途秘匿金に関する比較

　支出は、両者とも金銭の支出であり一致しますが、使途秘匿金の金銭に含まれるものとして、「贈与、供与その他これらに類する目的のためにする金銭以外の資産の引渡し」が含まれています。一方、費途不明金の場合は、上記内容が法人税法基本通達に要件として含まれていません。

　したがって、使途秘匿金は、費途不明金よりも範囲が広く取り扱われていることになります。

2　費途の不明及び支出の相手方等の秘匿に関する比較

　費途の不明は、支出の相手方の氏名等が不明であることを示し、課税庁側から考えて相手先が不明であるとの見解が指摘される内容です。一方、相手方等の秘匿は、金銭支出の当該企業が積極的に相手方等を秘匿するというところに力点が置かれています。

3　交際費等の名義でされた支出及び支出が費用である場合に関する比較

　費途不明金の場合は、その支出が交際費等の名義でされていることが必要となります。一方、使途秘匿金の要件(6)では、その支出が費用である性質を有するべきとなります。したがって、使途秘匿金は、支出が費用の性質であることが必要条件となります。

4　費途不明金及び使途秘匿金の範囲

　上記のように比較すれば、費途不明金の要件は、使途秘匿金の一部を構成するのみといえます。使途秘匿金は、費途不明金の要件を包含し、かつその他の要件を備えていると考えることができます。このように要件の比

図表11　費途不明金及び使途秘匿金の課税要件に関する相違

比較項目	費途不明金	使途秘匿金
金銭支出の範囲	金銭のみ対象	贈与、供与その他これらに類する目的のためにする金銭以外の資産も含む
不明な部分に関する見解	課税庁側から支出の相手方の氏名等が不明であることを示す	金銭支出の当該企業が積極的に相手方等を秘匿
支出の性質	交際費等の名義であること	費用性があること
範囲	使途秘匿金より狭義	費途不明金より広義

較から、いずれも費途不明金の要件にないものが使途秘匿金には含まれています。

こうして比較してみると、両者は、同一的な意義及び効果を持つようにも見えますが、費途不明金よりも使途秘匿金のほうが規制を強化した勘定科目であることが確認できます。すなわち、使途秘匿金は、金銭等の支出を秘匿する法人の責任を追及するものです（図表11参照）。

次に、使途秘匿金課税の法理について考えてみることにします。

3.9　使途秘匿金課税の法理

自己否認した使途秘匿金は、租税行政手続法において、重加算税規定（通則法68）と同質の課税とみることができます。しかし、当該法人からみれば、自らの所得を隠ぺい又は仮装しているわけではないので、秘匿部分につき法律に基づいた税負担をしていると考えられ、重加算税と同質であるとはいえないと考えられます。

では、なぜ法人税に加算した課税をする必要性があるのかということです。使途秘匿金を支出した当該法人が、相当性を超えた使途秘匿金を支出す

ることは、
- ① 隠れた利益処分が生じること
- ② 取引先の課税部分も責任を負うこと

から事実行為が取引の相手と共謀して法的責任を負うと考えられ、秘匿した共同責任を国税通則法第９条[40]の共同事業者の責任規定として表しています。

さらに、相手方の所得を共謀して隠ぺいするのですから、相手方の重加算税（通則法68）[41]の共同責任を考えることができます。

これらは、申告納税制度のもと、相当性の範囲において事業遂行上通常かつ必要である限り使途を秘匿し支出することも許されると解されてしまうゆえんです。

では、使途秘匿金課税を受けた後に、相手方の氏名、支出金額に相当性があるとして税の返還請求ができるのかといえば、国税通則法施行令第29条（還付金に係る決定等の期間制限の起算日）[42]により、課税時期を過ぎれば、違法性も考えられる使途秘匿金の課税が確定するのですから、更正の請求はできないものと考えられます。これは、不法原因給付（民法708）と同質であると考えられ、

- ① 自ら原因を作り、その原因について返還請求を求めること
- ② 相手方の税を免れさせようとした行為が事実認定されていること

から、公序良俗及び公共の福祉に違反する行為と考えられるからです。

では、なぜ40％という課税割合が必要かは、使途秘匿金の額に法人税・使途秘匿金課税・事業税等を加算すると実質的に支出した使途秘匿金額と同等の額になるという政策的な意図、国税通則法第９条及び第68条によるものと考えられます（脚注40、41参照）。

しかし、立法当時から20年を経過した現在において、法理的に問題はないのか否かを、あらためて諸説に関して検討してみます。

---

40 国税通則法第９条（共有物等に係る国税の連帯納付義務）「共有物、共同事業又は当該事業に属する財産に係る国税は、その納税者が連帯して納付する義務を負う。」

3.10 使途秘匿金課税に関する諸説

使途秘匿金課税制度の運用以降本改正（時限立法が恒久法になったこと）に至るまでに、どのような学説・議論がされてきたのかを確認します。

41　国税通則法第68条（重加算税）
　　第65条第１項（過少申告加算税）の規定に該当する場合（同条第５項の規定の適用がある場合を除く。）において、納税者がその国税の課税標準等又は税額等の計算の基礎となるべき事実の全部又は一部を隠ぺいし、又は仮装し、その隠ぺいし、又は仮装したところに基づき納税申告書を提出していたときは、当該納税者に対し、政令で定めるところにより、過少申告加算税の額の計算の基礎となるべき税額（その税額の計算の基礎となるべき事実で隠ぺいし、又は仮装されていないものに基づくことが明らかであるものがあるときは、当該隠ぺいし、又は仮装されていない事実に基づく税額として政令で定めるところにより計算した金額を控除した税額）に係る過少申告加算税に代え、当該基礎となるべき税額に100分の35の割合を乗じて計算した金額に相当する重加算税を課する。【令】第27条の２・第28条
　　2　第66条第１項（無申告加算税）の規定に該当する場合（同項ただし書又は同条第５項若しくは第６項の規定の適用がある場合を除く。）において、納税者がその国税の課税標準等又は税額等の計算の基礎となるべき事実の全部又は一部を隠ぺいし、又は仮装し、その隠ぺいし、又は仮装したところに基づき法定申告期限までに納税申告書を提出せず、又は法定申告期限後に納税申告書を提出していたときは、当該納税者に対し、政令で定めるところにより、無申告加算税の額の計算の基礎となるべき税額（その税額の計算の基礎となるべき事実で隠ぺいし、又は仮装されていないものに基づくことが明らかであるものがあるときは、当該隠ぺいし、又は仮装されていない事実に基づく税額として政令で定めるところにより計算した金額を控除した税額）に係る無申告加算税に代え、当該基礎となるべき税額に100分の40の割合を乗じて計算した金額に相当する重加算税を課する。【令】第28条
《改正》平18法010
　　3　前条第１項の規定に該当する場合（同項ただし書又は同条第２項若しくは第３項の規定の適用がある場合を除く。）において、納税者が事実の全部又は一部を隠ぺいし、又は仮装し、その隠ぺいし、又は仮装したところに基づきその国税をその法定納期限までに納付しなかつたときは、税務署長は、当該納税者から、不納付加算税の額の計算の基礎となるべき税額（その税額の計算の基礎となるべき事実で隠ぺいし、又は仮装されていないものに基づくことが明らかであるものがあるときは、当該隠ぺいし、又は仮装されていない事実に基づく税額として政令で定めるところにより計算した金額を控除した税額）に係る不納付加算税に代え、当該基礎となるべき税額に100分の35の割合を乗じて計算した金額に相当する重加算税を徴収する。

42　国税通則法施行令第29条　法第70条第１項第１号（国税の更正、決定等の期間制限）に規定する政令で定める日は、還付請求申告書を提出することができる者についてその申告に係る還付金がなく、納付すべき税額があるものとした場合におけるその国税の法定申告期限とする。《改正》平23政382

1 使途を秘匿した本人と相手方の共同責任であるとする説[責任説]

「支出した法人と相手方との間に明示もしくは暗黙のうちに税を免れさせるとの共謀がある」[43]とし、「単に、相手方の課税を代替して納税者本人に課税する制裁ではない。実は、本人に対する自己責任として課税するのでありその根拠は、相手方との共謀による援助行為としての共同責任なのであり、不真正連帯責任である」[44]とする考え方です。

そして、使途不明金（費途不明金）と使途秘匿金とは、本質的に異なるとし、前者は、税を取る側にとって、所得算定上、使途が不明なら費用性の判断ができないとして否認するものであって、全く、課税庁側の理論であるのに対し、後者は、「収益を得るためには通常かつ必要な費用であると状況証拠による間接事実を総合すれば事実上推定（推認）できるものであれば、その限度において容認しても良い」[45]という納税者側の理論があり、「取るための税法から納税者のための税法へ転換した」[46]ということです。この考え方は、「特に秘匿金支出の根底に自己所得に対する隠れた利益処分としての課税負担部分の責任を負うと共に、取引相手と共謀することで法的責任も必要になってくる」[47]という特徴があります。

2 使途秘匿金の支出を抑制するための政策であるとする説[政策説]

「平成6年度税制改正に関する答申（平成6年2月）」によれば、「3．課税の適正・公平の確保という観点から(3)使途不明金」の項目として答申されています。

ここには、「企業が税務当局に対し相手先の氏名等を秘匿するような支出は、違法ないし不当な支出につながりやすく、それがひいては公正な取

---

43 松沢智「新版 租税実体法（補正第2版）」pp.368、中央経済社、2003.8
44 松沢智「新版 租税実体法（補正第2版）」pp.369、中央経済社、2003.8
45 松沢智「新版 租税実体法（補正第2版）」pp.360、中央経済社、2003.8
46 松沢智「新版 租税実体法（補正第2版）」pp.358、中央経済社、2003.8
47 松沢智「新版 租税実体法」pp.261、中央経済社、1994.11

引を阻害することにもなりかねないという問題がある。

　近年、企業の使途不明金の額は多額に上っており、これをこのまま放置することは社会的な問題があること等をかんがみれば、そのような支出を極力抑制する見地から、税制上追加的な負担を求めることもやむを得ないのではないかとの意見が少なくない。しかしながら、いわゆる使途不明金問題は、企業経営者のみならず社会的モラルの問題でもあり、このような問題を是正するために税制を活用することは、厳に慎むべきであるとの意見も強い。

　したがって、やむを得ず税制上の措置を講ずるような場合においても、単に支出先が不明であるというだけでいたずらに対象を拡大することのないよう配慮する必要があるほか、新たな措置が企業活動や税務執行にどのような影響を及ぼすことになるか必ずしも予測しがたいこともかんがみ、時限的なものに止めることが適当である。」[48]とあり、本答申の2年前の1992年（平成4年）に東京佐川急便事件[49]が生じたことをきっかけに本答申がされたものと考えられます。

　このように、制度化するにあたっては、賛否両論の中、時限立法として成立させ、理論的な不備はあるものの政策的見地から制度化し、場合によっては、廃止も視野に入れた制度としてスタートさせたものと考えられます。

　したがって、2013年度（平成25年度）までは、2年間の時限立法として更新されてきた事実があります。

48　税制調査会「平成6年度の税制改正に関する答申」pp. 5〜6、1994. 2
49　東京佐川急便事件は、当時の自由民主党・経世会会長であった金丸信衆議院議員が、佐川急便側から5億円のヤミ献金を受領したとし、1992年9月28日に政治資金規正法違反で略式起訴された。金丸信衆議院議員は、政治資金収支報告書の記載漏れを認め、罰金を支払ったが、当時の青島幸男参議院議員が議員辞職を求めハンガーストライキを決行し、世論が金丸氏の対応に猛反発した。その結果、1992年10月に金丸信衆議院議員は辞職に追い込まれたという汚職事件である。

3　使途秘匿金違法説［違法説］

　元木伸氏（元東京高裁・部総括判事）は、1995年（平成7年）に、「そもそも、税務に関する申告書に記載した支出について、相手方の氏名等を明らかにしないで、その結果、高率の納税義務を負うこと自体が違法であると共に、取締役としての善良なる管理者の注意義務に反しているとして、商法266条1項5号[50]により責任を負うことになるわけである。」[51]と述べています。

4　使途秘匿金課税恒久化説［恒久化説］

　さらに、国会内では、1999年（平成11年）の衆議院要旨・付帯決議集第145回国会（常会）大蔵委員会、［18］租税特別措置法の一部を改正する法律案[52]において共産党が（松本善明衆議院議員外1名提出、衆法第12号）議員立法として提出していますが否決されています。
　なぜ、15年後の現在において恒久化の改正が必要だったかという疑問が生じます。

5　使途秘匿金課税高税率変更説［高税率変更説］

　法改正に関して要望書等が提出されているか否かを確認してみたところ、2012年（平成24年）9月13日付けで千葉青年税理士連盟が千葉県税理士会会長宛てに「平成26年度税制改正要望意見書」を提出し、その中に、「4．法人税関係(5)使途秘匿金の支出についてはその範囲を明確にし、特

50　会社の取締役に対する損害賠償請求権の規定。現行法では会社法第429条1項に該当する。
51　元木伸『使途秘匿金の支出と経営責任』pp. 46、1995. 12
52　衆議院要旨・付帯決議集　第145回国会（常会）大蔵委員会、［18］租税特別措置法の一部を改正する法律案（松本善明君外1名提出、衆法第12号）《共産》http://www.shugiin.go.jp/internet/itdb_gian.nsf/html/gian/honbun/houan/g14501012.htm、1999

別税率を60％以上とすべきである。〈理由〉不当な支出は厳格な制裁をすべきである。」[53]と記載されています。なぜ、60％という税率を最低限にする必要性があるのであろうかという疑問が生じます。

そこで、再調査を実施すると、すでに、我が国も1979年（昭和54年）3月までには、当時の大蔵省主税局が、「ひそかに税制面から使途不明金退治の方策を検討していた。使途不明金に対し、現行の重課税よりぐんと重い特別課税を導入する、という考えだった。参考にしたのはフランスの制度。いつの間にか立ち消えになってしまった。税率の検討など具体的作業まで進んでいたのに、である。法人税の考え方としては損金否認が限度。一歩踏み出して所得税分を企業から取れるかどうかがポイントだったが、煮詰まらなかった。と同省主税局。徴税に犯罪摘発の役割を背負わせるのは筋違いというのが当時の大平首相の持論でもあった。」[54]という記事があり、検討をしていた事実が存在しました。

3.11 使途秘匿金課税に関する諸説の検討

上記の5説に関して、何が「公序良俗」及び「公共の福祉」に適合するか、言い換えれば、何が近代法治国家における法の立法原理と合致する考え方であるのかを以下に検討します。

1 責任説の検討

責任説は、金銭の実態に基づき課税するという「事実に基づく課税方法」を基に考えられています。特に、使途秘匿金を支出することができる立場

---

53 千葉青年税理士連盟　会長　湯本康弘「平成26年度税制改正要望意見書の提出について」pp.5、2012.9
54 『朝日新聞』「10・12　問われる政治倫理～3～」1983年（昭和58年）9月29日朝刊1面より抜粋。

第3章　交際費等及び使途秘匿金支出の検討

問われる政治倫理 ～3～

灰色支出

裏献金膨らむ一方

"懲罰課税"は立ち消え

田中角栄元首相系の土建会社、福田組(本社・新潟市)が、関東信越国税局から約一億円に上る申告漏れを摘発されていたことが、この二十二日、明るみに出た。申告漏れ所得の中には、約三千万円の使途不明金が含まれている。三千万円は、何に使われ、だれに渡ったのか。同社が説明を拒んだため、重加算税が追徴された。

使途不明かさむ企業

使途不明金は、税務調査に対し企業が使途を明らかにさなかった灰色のカネのこと。企業側からいえば使途不明金を出すと、もともと損金(必要経費)に算入することが認められないために、収入を得るための支出は、本来損金として認められるが、使途不明金として認められると、使途不明分がそれだけ課税される。使途不明金の中には、「助言をつぐむ」のは、企業の行為先を明かしたくない、うしろめたい支出だからほかにならない。

五十二─五十六事業年度(七月から翌年六月まで)の五年間に、国税当局が資本金一億円以上の企業の税務調査でつかんだ使途不明金は、のべ五千六百二十三社で計千六百二十一億円にものぼった。このうち、銀行調査などで使途を解明出来たのは十五％の二百四十三億円に過ぎなかった。(一九〇ユニット)(九千円)を含む二百五千三百万円の五億円にはね上がった。以降、税務機関が発覚しても、税金をかけてもらって結構という態度で、行き先は絶対言わないと突っぱねる。全日空側の捜査が厳しく追及したが、全日空側は使途秘匿を貫いた。検察当局は関係者の裏献金が目立っていた。このうち五千七百万円は検察が、これは新自由ク十三人の政治家に渡っていると判明した。使途不明金が出なければ「ヤミからヤミ」と葬られていたに違いない。

ところが、強い批判にもかかわらず、ロ事件後、使途不明金はかえって急増している。四九年度(二百九億円)、五十年度(百三十八億円)だったのが、ロ事件の表面化した五十一年度は二百九十円など桁外れとなった。

件数上の五十一年度は二百九十円など桁外れになったわけではない。増加作業が発覚しても、税金をかけてもらって結構という態度で、続いていた五十三年三月、参院予算委で共産党の神谷信介の助氏が「脱税防止策として立ち向かっているのか」と取り上げたことから問題を取り上げ、税務部局から具体的作業にとりかかる事になった、である。「政治家や財界から圧力があったわけではない。法人税の考え方として、重加算税分を企業からとるかどうかがポイントだったが、煮詰まらなかった」と同省主税局。「懲罰に犯罪摘発の役割を背負わせるのは筋違い」という、当時の大平首相の持論もあった。

取り組みに消極的

「丹念防止策として法人税から取り組んでほしい」と述べた。金子一平蔵相(当時)は「検討する」と答えたことは今月三日に開かれた政府税制調査会の企画特別部会で、大蔵当局が配布した「法人税関係資料」の中に、「使途不明金支出状況」という一ページが見られた。この裏の問題にもっと関心があるはずの委員の一人、奥原特殊経団連専務理事は「最後のページまで見なかったので」と、参考にしたのは、フランス制度。仏租税法は「使途不明金の出し」と大蔵省はいうが、「検討課題の一つとして特別出した」、今大蔵省は本気で「特別課税」に対しては損金算入を認めず、別のところに、一三〇％の税金で特別課税に取り組む空気はない。

いなかったが、八社とも自社の経理では、正規に「寄付金」として計上していたため、しっぽをつかめたのである。「ロ事件後、八社のうち、もっとも大口の二千万円を献金した前田建設工業の経理担当者はいう。「今なぜかというか。政治資金をめぐる状況が厳しくすぎますからね。」八社のうち、個人の裏献金を表面化して処理するケースもあった。「今ころどうでしょうか。政治資金をめぐる状況が厳しくすぎますからね。」八社のうち、個人の裏献金を表面化して処理するケースもあった。

政府工作にも使われたKDD事件では、中央競馬会の子会社の日本競馬場建築で、一歩踏み込んで実施されたが、ロッキード社から受け取ったのは、ロッキード社から受け取ったのが、当時の大平首相の持論もあった。

ソウル地下鉄車両の受注にからみ、三菱商事、三井物産、丸紅、日商岩井の四商社が米国ボーイング社に三百五千万の送金には、日商岩井らが八七機疑惑にからみ、日商岩井からの四千七百万円の送金口を押し開け、実際の所得があるかのかが焦点である。法人税の考え方として、明え込みの切り札になるはずだった。が、いつの間にか立ち消えになってしまった。税率などを具体的作業に入っていたのである。「政治家や財界から圧力があったわけではない。法人税の考え方として、重加算税分を企業からとるかどうかがポイントだったが、煮詰まらなかった」と同省主税局。「懲罰に犯罪摘発の役割を背負わせるのは筋違い」という、当時の大平首相の持論もあった。

---

*『朝日新聞』1983年9月29日朝刊1面（国立国会図書館所蔵）

の社会人は、多くの企業の場合、取締役等の企業における責任ある立場の社会人が支出するか、又は取締役等の企業における責任ある立場の社会人が指図をすることによって支出可能となる場合が多いのです。

しかし、実際には、相手方がわかっているにもかかわらず、その相手方の氏名、支出用途を明らかにしないわけですから、納税義務者は各租税法で定められた課税を受け、納税義務者以外の者が支出していた場合は贈与関係が生じ贈与課税がされる場合も存在すると考えられます。

もし、私法及び税法においてこの考えに従わない場合が生じたと仮定すれば、不当利得返還請求は可能となるのであろうかという疑問が残ります。これこそ、故意に行っているのであるから不当利得返還請求権は棄却されるべきです。

2 政策説の検討

税制調査会の答申[48]を考慮した場合、使途秘匿金課税の立法理由として政策的にヤミ献金を撲滅し、談合や裏金を作らせないために必要な制度であると論じています。

しかし、税法において懲罰的色彩の強い税率を、納税者に、「仕事獲得のために課税40％を納税しさえすれば使途秘匿金を支出しても良い。」と思わせる政策が公序良俗に適合した政策といえるのか、という疑問が残ります。これは、抜け穴装置ではないのかということです。

3 違法説の検討

「そもそも、税務に関する申告書に記載した支出について、相手方の氏名等を明らかにしないで、その結果、高率の納税義務を負うこと自体が違法である。」[51]と述べているように、使途秘匿金支出自体が違法であるから支出する側の企業・個人は、善良なる管理者の注意義務（善管注意義務）に違反しているという考え方のほうが、現代にマッチしています。

特に、談合が生じた場合は、企業の内部統制及び監査体制が不十分という理由で取締役等は企業の社会的責任を全うできていないわけであり、株主代表訴訟に発展する可能性を大いに秘めていると理解することができるからです。

4　恒久化説の検討

　国会内では、1999年（平成11年）に使途秘匿金課税を恒久化しようという議員立法が提出されましたが、提出した議員が野党（共産党）であったためか立法化には至っていません。

　すなわち、使途秘匿金自体は、倫理的に良くないものであるという意識の高まりから議員立法にて恒久化させようという動きが生じたのではないかと考えられます。また、前年の1998年（平成10年）の使途秘匿金課税対象法人数は2,912法人、課税額は129億円でした。法人数、課税額とも大きいことから、使途秘匿金の支出についての税制措置が講じられてから6年目に恒久化し使途秘匿金の支出を削減しようという考えが生じたのではないかと考えることができます。

　しかし、恒久化したからといって使途秘匿金支出がなくなるのでしょうか。確かに低減をすることは可能と考えられますが、課税が恒久化されたからといって使途秘匿金支出がなくなるとは考えられません。実務において、必要であれば会社方針として使途秘匿金を支出し、仕事を取りにいくというのが現実だからです。

5　高税率変更説の検討

　では、40％よりも高い税率を掛ければ使途秘匿金支出がなくなるのでしょうか。確かに恒久化と同様に低減をすることは可能であると考えられます。しかし、だからといって使途秘匿金支出がなくなるというものでもありません。

最低60％としたのは、今後実施されるであろう法人税率の引下げに伴い、その帳尻を合わせようとしたためではないかと推察されます。

　また、右山博士の調査[55]によれば、先進諸国における費途不明金の課税上の取り扱いは、アメリカ、イギリス、ドイツに関して費途不明金の経費としての損金性を否認しています。

　フランスに関しては、「経費としての損金性を否認するとともに、当該支出額に対して100％（自己否認の場合は75％）の率で制裁税を課す。」[56]と記載されています。我が国も制裁税として課すのであればフランスと同等の課税を執行しても国民は納得するのではないかと考えられます。

　実務において必要な支出は正々堂々と使途秘匿金として支出し、相手方に便宜を図りその代償として仕事を獲得するというスキームは、現在もなお継続して行われているという事実が存在するからです。その後の支出結果については、会社役員と株主の倫理性が問われるのです。

　例えば、2007年（平成19年）には、「精密機器メーカーのX社が、A市に工場を建設した際に、その受注をしたY社が、受注の謝礼金を経費に装ったなどの理由で、課税庁から約5億円の所得隠しを指摘されています。

　裏金の大半は、X社会長の知人が経営するA市のコンサルタント会社などに渡っていた疑いがありましたが、Y社は、最終的な支払先を明らかにせず、使途秘匿金として認定されたといわれています。

55　右山昌一郎『商学論纂（（中央大学商学研究会）第36巻第5・6号）』pp.113〜134、1995.3
56　田中章介『判例と租税法律主義―税法解釈における課税の論理と納税の論理』pp.71、中央経済社、1994.10
　　上記の著書の中で田中章介氏が邦訳している。
　　1991年財政法（1990年12月29日付法律 No.90―1168）及び1990年財政修正法（1990年12月29日付法律 No.90―1169）による「CODE GENERAL DES IMPOTS」第1763条前段によった。
　　「法人税を支払う義務のある会社及びその他の法人が、直接又は第三者を介して、第117条及び第240条の規定に反して、彼らが身元を明かさない者に収入となるべきものを支払い又は分配する場合、彼らは支払った又は分配した金額の100％相当の重課税を課せられる。企業が当該金額を自主的にその法人税申告書に明記する場合は、その重課税の税率は75％に引き下げられる。」

2014年（平成26年）には、鉄道コンサルタント会社のＺ社が、2008年（平成20年）から2012年（平成24年）にかけてベトナム、インドネシア、ウズベキスタンの３か国に約１億円のリベートを支払っていたことが課税庁の税務調査で判明しています。同社は、具体的な支出先を明かさず、使途秘匿金と認定されました。

 すなわち、「企業は、使途秘匿金支出の必要性がある場合は支出する。」とのことを念頭において５説を見直してみると、２通りに分類できるのではないかと考えられます。

　a．使途秘匿金は「**必要悪である**」[57]という考え方

　　　こちらには、責任説、政策説、恒久化説、高税率変更説が分類されます。

　b．使途秘匿金は「**違法である**」という考え方

　　　こちらには、違法説が分類されます。

 筆者は、**租税法も憲法の下、また立法の原理から公序良俗に反する立法及び公共の福祉に反する立法は政策的見地等からみて、「必要悪」という抜け穴装置を置いておくこと自体が問題だ**と考えます。

 したがって、租税法律主義の下、法の立法原理を明文化しておく必要性があるのです。

6　使途秘匿金に関する平成26年度改正の経緯

 本制度の適用期限が撤廃されました（措法62①）。また、連結納税制度の場合についても同様です（措法68の67①）。すなわち、使途秘匿金課税制度は、時限立法から恒久立法に変更されたのです。

 政府税制調査会議事録（第２回税制調査会議事録（2013年（平成25年）８

57　今川嘉文「使途秘匿金の支出と株主の権利」『税経通信（Vol.52　No.10　通巻730号）』税務経理協会、1997.7
　　支出する側の一般的な考え方として「必要悪」が述べられている。

月5日)、第3回税制調査会議事録(2013年(平成25年)10月8日)、第4回税制調査会議事録(2013年(平成25年)12月2日))を確認しましたが、使途秘匿金に関する改正の議事はありませんでした(第1回も確認していますが、議長の選出、総理大臣等の挨拶、各委員の自己紹介で終わっています。)。

また、自由民主党・公明党による「平成26年度税制改正大綱」[58]のうち秋の大綱までの過程では決定されておらず、2013年(平成25年)12月12日の自由民主党・公明党が発行した「平成26年度税制改正大綱」の90頁に記載されています。

なお、本改正に関して国税庁長官官房総務課情報公開・個人情報保護室に2014年(平成26年)5月13日に確認した結果、「国税庁から意見書等は提出していない。」とのコメントを得ています。

よって、本改正は、自由民主党・公明党の税制改正大綱検討時に進められていた改正であると推察されます。

3.12 違法支出の損金性を否認する裁判例・条約からみた公序良俗

裁判例も変遷がみられます。「当初の裁判例は、①当該違法支出が事業活動と直接関連性を有する事業の遂行上必要な経費であるか否か、すなわち「必要性」及び「業務関連性」の有無を基準として判断したもの。②その支出が公序良俗に違反することを根拠として損金性を否定するもの、あるいは、③違法支出の損金性を認めることは法人税法の自己否定である上、公正妥当な会計処理基準にも反することなどを根拠として損金性を否定するものが大勢をを占めているに至っている。」[59]と述べています。

---

58 自由民主党、公明党「平成26年度税制改正大綱」2013.12
59 一杉直「脱税工作のための支出金の損金性」『租税判例百選(第3版)別冊ジュリスト(No.120)』1992.12

「公序良俗に反する」ことを理由（暴力団に対して支払われた顧問料等の損金性を否定）にした裁判例は、東京地裁判決平成元・5・30税務訴訟資料170号490頁があり、「法の理念から到底許容できない（犯罪行為摘発を阻止するための工作費の損金性否認）。」とした裁判例として横浜地裁判決平元・6・28訟月35巻11号2157頁等があります。

「脱税工作のための支出金の損金性」の判決文（東京高裁昭和63年11月28日判決、高刑集41巻3号338頁、判時1309号148頁）では、

① 事業関連性及び事業遂行上の必要性に欠ける
② 外的要因に基づいて生じない
③ 法人税法自体がその支出を禁止しているものについては、一層強く（損金性の否認を）妥当する[60]（括弧書き筆者）
④ 公正妥当な会計慣行ないし会計処理基準に照らしてその損金算入は許されない（その他の裁判例に東京地裁昭和62年12月24日判決（判タ661号264頁）にも示されている。）

　　※これは、法人税法第22条4項（一般に公正妥当と認められる会計処理基準）について述べています。

なお、③に関して脚注59の最高裁判所の考え方は、アメリカ法のいう公序の理論ないし公益理論の影響があるものと一般的に理解されています。

しかし、「日本の法人税法について、公益に基づく損金性の否定を一般的に持ち込むことには賛成できない。」[61]とする見解もあります。

60　株主相互金融における株主優待金の損金性が争われた事件で、最高裁昭和43年11月13日大法廷判決（民集22巻12号2449頁）がある。同判決は、「仮に経済的・実質的に事業経費であるとしても、それを法人税法上損金に算入することが許されるかどうかは個別の問題であり、そのような事業経費の支出自体が法律上禁止されているような場合には、少なくとも法人税法上取扱いのうえでは、損金に算入することは許されないものといわなければならない。」としている。第一審判決では最高裁判決を引用したうえ、「右最高裁判決に示された法理は、少なくとも本件の如く法人税法自体がその支出を禁止しているものについては、一層強く妥当する。」と判示している。

61　碓井光明「犯罪行為の摘発を阻止するための工作費の損金性の有無等」『ジュリスト（No.970）』pp.113、有斐閣、1990.12

さらに、④に関しては、「公正処理基準が脱税経費や暴力団への上納金、あるいは賄賂等の支出を経費として想定していないことは事実である。しかし、そのことが、違法支出の損金算入を許さない趣旨であるということを意味しない。公正処理基準は、そのような支出を念頭に置いていないだけのことであるから、白紙というべきであろう。」[62]とする見解もあります。

　本書は、法人税法について主に述べていますが、所得税法における違法支出が必要経費に該当するか否かについては、所得税法第37条１項において、事業活動との直接関連性及び事業遂行上の必要性から論じられており、金子宏名誉教授は、「我が国の所得税法では、アメリカの内国歳入法典第162条のように「通常」の要件が規定されていないから、必要な経費であれば控除が認められると解さざるをえない。ただし、脱税工作金は、収益を生み出すための支出ではないから、そもそも必要な経費にはあたらないと解すべきであろう。」[63]と述べています。

　なお、裁判例では、「必要経費とは、客観的にみて事業の遂行上必要な費用に限られる。」[64]と判決が出されたものがあります。
　1994年（平成６年）９月16日に最高裁判所において、「脱税工作のための支出金の損金性」に関する判決[65]がありました。判示事項は、「所得を秘匿するために要した費用を法人税の課税標準である所得の金額の計算上損金の額に算入することの許否」です。

62　碓井光明「犯罪行為の摘発を阻止するための工作費の損金性の有無等」『ジュリスト（No.970）』pp.113、有斐閣、1990.12
63　金子宏『租税法（第17版）』pp.258〜259、弘文堂、2012.4
64　東京地判昭和62・12・24判時1272号159頁
65　最高裁判決、法人税法違反被告事件、1994年（平成６年）９月16日「刑集（48巻６号）」357頁。原審：東京地裁昭和62年12月15日判決、TKC法律情報データベース　文献番号21090117、控訴審：東京高裁昭和63年11月28日判決、TKC法律情報データベース　文献番号22002901、一杉直「脱税工作のための支出金に損金性」『租税判例百選（第３版）別冊ジュリスト（No.120）』有斐閣、1992.12

決定要旨は、「架空の経費を計上して所得を秘匿することに協力した者に支払った手数料を法人税の課税標準である所得の金額の計算上損金の額に算入することは許されない。」というものです。理由は、「公正処理基準に従ったものであるということはできないと解するのが相当である。」[66]としています。

　なお、原審では、

① 　利益を税務当局に秘匿するため、協力者に金員を支払うことは、取締役の忠実義務に違反し、法人の正当な業務とはいえない

② 　法人税法が課税所得の計算に関し容認する公正妥当な会計処理の基準とは到底なり得ないものといわなければならない

とあります。

　現行法において、「建設業者等が工事入札に際して支出する談合金その他これらに類する費用」は、交際費等に該当します（措通61の4（1）－15（10）建設業者等が工事の入札等に際して支出するいわゆる談合金その他これに類する費用）。談合とは、公正な価格を害し又は不正の利益を得る目的で公の競売・入札に際して、競売人又は入札者が相談し、ある特定者に競落又は落札させることとされています（刑法第96の6（公契約関係競売等妨害）（1．偽計又は威力を用いて、公の競売又は入札で契約を締結するためのものの公正を害すべき行為をした者は、3年以下の懲役若しくは250万円以下の罰金に処し、又はこれを併科する。2．公正な価格を害し又は不正な利益を得る目的で、談合した者も、前項と同様とする）（公正な価格とは、談合がなかったら成立したであろう競落又は落札価格をいいます））。

　租税法上は、刑罰に該当するか否かを問わず実態がどうなのかという実

66 　青柳勤（最高裁判所調査官）は、ジュリストNo.1065　1995年4月15日号（有斐閣）において「公序理論」「費用概念の業務関連性あるいは収益を得るための必要性」「公正処理基準」について検討し、本判示は、「公正処理基準に反することを行うための費用を同基準は認めるわけにはいかない。」と述べている。なお、「本判決はあくまで脱税経費の損金性の問題に限って判断を示したものである。」とも述べている。

質所得者課税の原則によるので、公契約関係競売等妨害（談合罪）に相当する談合に伴って授受した金品及びそれに類する費用は談合金として取り扱うことになります。一般的に「降り賃」といっています。

　なぜ、交際費等に該当するかというと、自社に有利な入札が行えるように不正のお願いのために支払うものであり賄賂性を有した贈答に当たると考えられるので交際費等に該当するということになります。なお、受け取った側は、課税所得（法人税法上の益金）と考えることが道理でしょう。

　西巻茂税理士（元世田谷税務署長）は、「第3版　交際費課税のポイントと重要事例」（税務研究会出版局）平成25年8月1日発行の457頁で「実務では次のような場合は建設業者同士等への支払いは談合金と認定される可能性があると考える必要がある。」と述べています。

①　役務提供の事実が全くなく名目だけの支払手数料、外注費等として支出するもの
②　裏ジョイント契約（裏JV）であるが、相手方持分（取下金）と出資金との差額として支出するもの
③　裏ジョイント契約で実際の工事損益に関係なくあらかじめ定められた一定の利益金額を支出するもの
④　相手方に特定工事の全部又は一部を発注し、これを落札者が再受注したこととして差額を支出するもの
⑤　落札者から入札参加者間で順次受注・発注を繰り返して最終的に落札者が受注して、それぞれの受注額と発注額との差額として支出するもの

　　　　　　　　　＊　　　　　　　　　　　＊

　では、民間工事等で談合金はあるのかということを考えてみましょう。

　官公庁の工事で談合金のやり取りをしない代わりに、民間工事で原価の付け替えをして支払っていた場合は交際費等と考えておく必要があると考えられます。

　この場合、いわゆる談合組織が存在してその中の企業同士で取引をして

いることが考えられます。これは、独占禁止法違反（不当な取引制限）ということになるものの談合金等の支出は少ないのではないかと考えられます。また、公正取引委員会は、課徴金納付命令を出すことがありますが、この課徴金は、法人税法上の損金とはなりません（法法55④三）。

また、条約として2003年（平成15年）10月31日に国連総会で採択された「腐敗の防止に関する国際連合条約（国連腐敗防止条約）」[67]に我が国も署名しており、同条約の第12条（民間部門）１項では、「締結国は、自国の国内法の基本原則に従い、民間部門に係る腐敗行為を防止し、並びに民間部門における会計及び監査の基準を強化するための措置をとるものとし、適当な場合には、これらの措置に従わないことについて、効果的な、均衡のとれた、かつ、<u>抑止力のある</u>民事上、行政上又は刑事上の罰則を定めるための措置をとる。」とあります。（下線筆者）

法人税法は、2006年（平成18年）度改正において第55条１項で隠ぺい仮装行為が生じた場合、課税庁は重加算税を課すことになります。この重加算税に対する事実とほとんど同様の内容が「法人税の重加算税の取扱いについて（事務運営指針：平成12年７月３日）」に記載されています。八ッ尾順一教授は、「事務運営指針を座右とし、調査官から重加算税の対象になると言われたときには、同指針を検討し、その対応を考えることが必要である。また、「隠ぺい・仮装」を認める旨の「確認書」を調査官から求め

67　外務省ホームページ、http://www.mofa.go.jp/mofaj/gaiko/treaty/shomei_6.html、和訳版 pp.15〜18
　　2003年（平成15年）10月31日　ニューヨークで採択、同12月９日　メリダ（メキシコ）で署名、2006年（平成18年）６月２日　第164回（平成18年常会）国会承認された。条約設立の背景は、「公務員に係る贈収賄、公務員による財産の横領等腐敗に関する問題は、グローバル化の一層の進展に伴い、持続的な発展や法の支配を危うくする要因として、もはや地域的な問題ではなく、すべての社会及び経済に影響を及ぼす国際的な現象となっています。また、腐敗行為とその他の形態の犯罪（組織犯罪等）との結び付きも指摘されるようになり、効果的に腐敗行為を防止するためには国際協力を含め包括的かつ総合的な取組が必要であるとの認識が共有されるようになりました。」（外務省ホームページから抜粋）

られることがあるが、納税者が納得しない場合には、当然「確認書」を提出する必要はない。「隠ぺい・仮装」の立証責任は課税庁側にあり、納税者は、説明責任、回答責任があるが、立証責任はないことを認識しておくべきであろう。」[68]と述べています。

しかし、現在でも法人税法第55条１項による重加算税が課される場合が後を絶たないということは、「企業に対する抑止力になっていない。」と納税者は理解することが素直ではないでしょうか。当然、大手企業は、弁護士・公認会計士・税理士が顧問としているわけですから、重加算税割合が40％ということを知っているはずです。それでも、特に大手企業が提訴しない理由として考えられるのは、①売上金額に対して重加算税額が著しく小さいこと、②穏便に済ませることで社会的影響（企業に関係するお客さまへの影響）を小さくすること、といえるのではないでしょうか。

八ッ尾教授『第５版　事例からみる重加算税の研究』のはしがきには「税の実務上、「重加算税」の取扱いは、曖昧模糊としている。」と述べているように、筆者もこの観点から法的安定性、予測可能性を高めるよう抑止力を高める法律が必要と考えます。

国際腐敗防止条約第12条４項には、「締結国は、第15条及び第16条の規定に従って定められる犯罪を構成する要素の一つである賄賂となる支出並びに適当な場合には、腐敗行為を助長するために要したその他の支出について、<u>税の控除を認めてはならない。</u>」[69]とあります。（下線筆者）

このように、公序良俗に反する行為は、世界的な流れとして租税法の観

68　八ッ尾順一『第５版　事例からみる重加算税の研究』pp.302〜303、清文社、2014.7
69　同条３項には、「締結国は、腐敗行為を防止するため、帳簿及び記録の保持、財務諸表の開示並びに会計及び監査の基準に関する自国の法令に従い、この条例に従って定められる犯罪を行うことを目的とする次の行為を禁止するために必要な措置をとる。⒜簿外勘定を設定すること。⒝帳簿外での取引又は不適切に識別された取引を行うこと。⒞架空の支出を記載すること。⒟目的が不正確に識別された負債を記入すること。⒠虚偽の書類を使用すること。⒡法律に定める日前に帳簿書類を故意に破棄すること。」とある。

点からも違法と考えられています。筆者は、公序良俗規定を憲法第29条2項についての確認規定の一つとして位置づけることは、租税法における包括的否認規定としてなり得るのではないかと考えます。そして、その下位に課税要件明確主義及び法的安定性・予測可能性の観点から個別的否認規定を置くことで納税者に対し抑止力が働くと考えます。

租税回避否認論については、谷口勢津夫教授の『租税回避論―税法の解釈適用と租税回避の試み―』(清文社、2014.3）をご一読されると良いと思います。

話を国連腐敗防止条約に戻すと、この条約は、2014年9月5日現在において、署名国は140か国であり、批准国（加入を含む）は172か国です。しかし、我が国は、国内法の未整備（過不足がありその整理が必要）及び法務省での検討の遅延により批准していない状態になっています。

このことで我が国は、G20で国連腐敗防止条約未批准について批准している各国から非難されています。すなわち、世界の常識が通らない先進国として揶揄されているのです。

すでに2003年（平成15年）に国連で採択され、2006年（平成18年）6月2日に国会で承認されたにもかかわらず、日本のマスコミは国民に報道していません（ほとんどの国民はこのような条約が存在することすら知らないでしょう。ぜひ、外務省のホームページから確認していただきたいと思います）。国連で採択されてから10年以上経ち、国会承認されてから8年以上経っているのにです。2006年（平成18年）6月の第164回国会の時の首相は、小泉内閣総理大臣でした。その後、第165回国会（平成18年9月）から第168回国会（平成19年）までは安倍内閣総理大臣、第169回国会（平成20年1月）は福田内閣総理大臣、第170回国会（平成20年9月）から第171回までは麻生内閣総理大臣、第172回国会2009年（平成21年）9月から第174回国会までは鳩山内閣総理大臣、その後は、菅内閣総理大臣、野田内閣総理大臣と続き、また安倍内閣総理大臣に戻ってきています。

筆者は、批准できないのは政治家、官僚、そして、政治家を選出している国民の意識の低さを物語っているものだと感じました。2020年の東京オリンピックに向けてイベントを進めることも大切ですが、その根底となる思想を世界共通にしておかないと、税における精神が欠落している状況が継続していることになります。政治家・官僚とも国連腐敗防止法についてはダメダメの状態が継続中であることを国民は理解し、反省すべきです。

　日本国憲法ができた当時の我妻博士が言われた「国民は、政府を「われわれのもの」とし、「われわれのために」、「われわれによって」行われるものであることを充分に意識しなければならない。そして生存権的基本権の実現の不充分なことをもって政府だけの責任にすることなく、国民みずからの力によってなすべきものであることを覚悟しなければならない。」ということを、今こそじっくりと理解する必要があります。

　安倍首相は、"Buy my Abenomics!"といいますが、この批准問題で我が国の倫理感が、世界から問われていることに目をしっかり向けるべきです。そうしないと、本当の意味での日本の回復基調は難しいと考えます。税における公共の福祉の実現は、今や公序良俗に裏打ちされるべきであり、それを租税法律主義として明文化することが必要だからです。

　　　　　　　＊　　　　　　　　　　＊

　現在、人口100万以上の国際連合加盟国のうち、本条約に署名はしているが批准していない国は、我が国の他にドイツ[70,71]、シリア、ニュージーランドの4か国があります。さらに署名も批准もしていない国は、朝鮮民主主義人民共和国、チャド、ソマリア、南スーダン、エリトリアの5か国です。なお、欧州連合はすでに国家単位とは別に法人として批准しています。

　　　　　　　＊　　　　　　　　　　＊

　このような事実関係から、我が国は、「法律の全体系を支配する公序良俗」という考え方により公序良俗に反する行為に関し、国税通則法[72]の観点から改正を考えていく必要があります。まだ、我が国は、法治国家とし

ては未整備な国であるということの一端が露呈しているということをしっかり捉える必要があります。

近年、なぜ中国が汚職公務員の取締りを強化したかというと、この国連腐敗防止条約が関係しています。

主要国の仏、英、豪及び中国は国連腐敗防止条約を締結しています。[73]

人民網日本語版（2005年10月23日）によれば、国務院の温家宝総理は同条約の審議と批准に関する議案の中で、同条約の批准は「我が国の国際協力発展、海外逃亡した汚職犯罪者の送還、不法に国外に移した資産の追跡

70　新倉修（国際刑事立法対策委員会委員（東京弁護士会））、『国際刑事立法対策ニュース（No. 21）』2014. 6 において、国連腐敗防止条約の締約国会合が、パナマ共和国で、2013年11月25日～29日に開催された内容が記載されている。「日本からの発信は弱かったが、逆に日本に対する注文は強かった。本会合の前に開催されたサンクトペテルスブルグのG20会合で、本条約への加盟を促進する宣言があったことを踏まえて、日本政府の対応を厳しく問う意見も直接聞いた。また、OECD外国公務員贈賄防止条約の履行審査に関連して、日本政府のパフォーマンスが悪いことが指摘され、更に、当該国の行政処理を促進させるために外国公務員に心付けを与えるのが処罰の対象となることを、徹底するように求める声もあった。主要国といわれる中でも未加盟国は、ドイツ、日本の他にニュージーランド（G20不参加）がある。ただドイツは、未加盟の理由について、条約上法人処罰が必要となるのに対して、国内法の整備が必要となり、2014年4月までには国内法の整備が終わるので、その後、批准の手続を取るという答弁を用意していた。」

71　渡辺富久子（海外立法情報課）、国立国会図書館調査及び立法考査局、【ドイツ】連邦議会議員の歳費引上げと腐敗防止、外国の立法、2014. 5　ドイツ国連協会（Deutsche Gesellschaft für die Vereinten Nationen）のウェブサイトを参照。（2014年4月18日現在）
　　http://www.dgvn.de/meldung/bundestag-ermoeglicht-ratifizierung-der-un-konvention-gegen-korruption

72　武田昌輔教授が『会計ジャーナル（1983年（昭和58年）VOL. 15、NO. 5）』64～68頁に租税基本問題解説第5回として「違法支出と税法上の経費」について論説を掲載しているが、国税通則法の制定及び制定に至る検討に関して議論がされていない。

　　坂本祐資博士の博士論文（2011年度（平成23年）熊本学園大学大学院経営学研究科）「税法における違法支出の控除可能性」において、結論として「税法の目的は適正かつ公平な税額計算のみにあることを確認」とあり、「税法は、支出の違法性や不法性の判断とは全く中立的であり、適正かつ公平な税額計算を主たる目的とするものであるから、他の法と必ずしも歩調を合わせなければならないということはない。」と述べている。しかし、本書で議論しているような「法律体系を支配する概念の議論」、「国税通則法が制定されるまでの議論」、「腐敗の防止に関する国際連合条約（国連腐敗防止条約）の議論」、「租税特別措置法の目的と意義」という多面的な議論が欠落していると考える。

に役立つ。また、我が国が教育・制度・監督のすべてを重んじた腐敗防止・懲罰システムを整えていく上で役立つ。」と述べています。

　人民網日本語版（2005年10月28日）によれば「第10期　全国人民代表常務委員会第18回会議は27日、「国連腐敗防止条約」（UNCAC）批准案を全会一致で可決した。中国はこれにより、同条約が発行とともに適用される国の一つとなる。但し、決定と同時に、中国は同条約第66条2項[74]による制約を受けないとの声明を出した。」と述べています。これにより中国は2005年12月14日効力を発しました。

　読者の中には、日本と中国は汚職のレベルが違うじゃないか！　といわれる方がいらっしゃると思います。しかし、だからといってそもそも談合・賄賂がよいのか？　抑止力となる法律は不要なのか？　ということです。確かに日本と中国はレベルや大きさは違いますが、粛清すべきことはさらに粛清し高嶺を目指すべきではないでしょうか？

　それとも"白河の清きに魚も住みかねて　もとの濁りの田沼恋ひしき"でしょうか？

3.13　課徴金制度等（独占禁止法、金融商品取引法、刑法）

　制裁機能として課徴金制度がありますが、その概念について検討することにします。塩野宏名誉教授によれば、「国民生活安定緊急措置法[75]、独占禁止法、金融商品取引法といった各別法上の課徴金をいう（狭義説）。次に財政法第3条にいう課徴金[76,77]。」という分類方法があります。さらに、

73　外務省ホームページ「腐敗の防止に関する国際連合条約」について、4．締結状況等より抜粋
　　http://www.mofa.go.jp/mofaj/gaiko/treaty/treaty164_8_gai.html
74　第66条2項とは、第66条は紛争の解決の条文で、中国は、紛争の仲裁で国際司法裁判所に紛争を付託することができるという制約を受けないとの声明を出している。

中川一郎元税法学会理事長の考えをまとめると、「租税にそのものを含んだ課徴金概念（広義説）」[78]があげられます。

特に、独占禁止法及び金融商品取引法に関する課徴金制度に関して、宇賀克也教授の整理[79]があるので確認します。

1 独占禁止法

① 1977年（昭和52年）独占禁止法改正で導入された課徴金は、当初、カルテルのやり得を防止するため、公正取引委員会の納付命令により、違法に得た利益を行政的に剥奪することを意図したものでした。

② 日米構造問題協議で課徴金額が低すぎるとアメリカから批判されたので、1991年（平成3年）に課徴金額を引き上げる改正がなされました。この時点でも、違法行為により得た利益を剥奪するという性格が維持されていました。

③ 2005年（平成17年）の通常国会において成立した改正独占禁止法では、課徴金は、違反行為により得た利益相当額を超える金額を徴収する行政上の制裁金と位置づけられました。

2 金融商品取引法

① 2004年（平成16年）の証券取引法（2006年（平成18年）改正において

---

75 国民生活との関係性が高い物資及び国民経済上重要な物資の価格及び需給の調整等に対する緊急措置（第1条）であり、第1次オイルショックが生じた1973年（昭和48年）に制定された。当該課徴金は、特定品目の物資の販売をした者のその販売価格が当該品目の特定標準価格を超えている場合は、当該販売価格と特定標準価格との差額に販売数量を乗じた金額を納付しなければならない（第11条1項）。とある。

76 財政法第3条の課徴金は、国が国家権力に基づき国民に賦課し、国民より徴収する金銭であり、罰金、科料、手数料、検査手数料等を広く含むものである。
大橋洋一『行政法Ⅰ 現代行政過程論』pp.415、有斐閣、2009.5

77 塩野宏『行政法Ⅰ 行政法総論（第5版）』pp.243～244、有斐閣、2009.3

78 中川一郎『税法学巻頭言集』pp.47、三晃社、1967.10

79 宇賀克也『行政法概説Ⅰ 行政法総論（第3版）』pp.243～248、有斐閣、2009.4

「金融商品取引法」と改正）改正で導入された課徴金の額は、基本的には、違反行為により得た利益相当額とされました。

② 金融審議会金融分科会第1部会報告「市場機能を中核とする金融システムに向けて（2003年（平成15年）12月24日）」では、「課徴金の水準としては、…中略…少なくとも違反行為による利得の吐き出しは必要であるが、違反行為が市場の信頼を傷つけるという社会的損失をもたらしていることを考慮し、抑止のために十分な水準となるよう検討すべきである。」としたことと照らし合わせると、金融商品取引法の課徴金を違反行為により得た利益の剥奪のためのものと固定的に考えるべきではなく、行政上の規制の実効性を確保するための制裁金であり、その金額は、規制の実効性についての評価や社会通念の変化に伴い、違反行為により得た利益相当額を超える水準に設定されうることを織り込んだものとみるべきと考えられます。

3 刑法

刑法第96の6（公契約関係競売等妨害）では、「偽計又は威力を用いて、公の競売又は入札で契約を締結するためのものの公正を害すべき行為をした者は、3年以下の懲役若しくは250万円以下の罰金に処し、又はこれを併科する」（1号）、また「公正な価格を害し又は不正な利益を得る目的で、談合した者も、前項と同様とする」（2号）、としています。

このように、三法とも制裁を目的とした考えであることは明確です。

＊　　　　　　　　　　　＊

したがって、交際費等課税、使途秘匿金課税を考える場合に双方とも課徴金的性格を兼ね備えていると考えられます。交際費等は、損金に算入しないことを原則として2014年（平成26年）度改正が行われました（飲食費に関しては、資本金1億円以上の企業に関しても詳細な改正が行われ、損金算入可能（3.2 **1** 参照）となっています。

特に、使途秘匿金については、違法ないし不正につながりやすく、実際に談合等に関わる金銭であるので、その行為が公正な経済活動を阻害する事態となる可能性が大きいと考えられます。

その他、刑法の贈収賄罪及び公正取引委員会所掌範囲の入札談合等関与行為防止法（発注機関が国、地方公共団体、国又は地方公共団体が資本金の2分の1以上を出資している法人等）については紙面の関係上割愛しました。

＊　　　　　　　　　　＊

以上の内容から、本書は、現行法通り交際費等、費途不明金、使途秘匿金に関して、損金性を否認する必要があると考えます。

3.14　小　括

租税法も憲法の下、また立法の原理から公序良俗に反する立法及び公共の福祉に反する立法は、政策的な立法余地はないことから次のようにまとめます。

(1)　使途秘匿金課税は、制裁的性格を有する課税である
(2)　支出相手に対して「相手先の氏名等を匿名にする」、「使用目的が不明」ということから損金性に欠けるので、使途秘匿金課税という抜け穴装置を置いておくこと自体が問題である
(3)　したがって、使途秘匿金支出に伴う税の公平性、経済的競争原理の不平等が生じる
(4)　使途秘匿金支出の内容が実態との関係性において不明なものなので法的安定性、予測可能性に欠ける
(5)　以上から、租税法律主義のもと、法の立法原理を租税手続きにおける原理原則として国税通則法に公序良俗規定を明文化しておく必要がある

第4章

カルテル・談合事情

4.1 課徴金減免制度の進展

みなさんは、2009年に公開された（ワーナーブラザーズ配給、スティーヴン・ソーダバーグ監督）インフォーマント！（原タイトルは THE INFORMAT！）をご覧になったでしょうか？この映画は、1992年から1994年にかけて実際にあった国際カルテル事件を題材に映画化したものです（DVDやブルーレイも発売されています。副タイトルには「この男、アメリカ史上最高ランクの、告げ口屋。」とあります）。マット・デイモンが主演でマーク・ウィテカーという役は、FBIと協力して食品会社（アメリカの穀物メジャーであるアーチャー・ダニエルズ・ミッドランド社（ADM社））の元幹部の一人でもあるにもかかわらず内部告発した人物です[80,81]。主人公（マット・デイモン）の役は、実は虚言癖を持っていた大嘘つきで、FBI捜査に協力しつつ950万ドルか1,150万ドルの手数料詐欺を行っていたというコメディ映画です。

しかし、この元幹部は、実際には告発後3年間にわたりカルテルの他のメンバーに捜査協力していることを隠し続け、隠し撮りをしたビデオが決め手となり当局の摘発に繋がったものです。そのビデオには「お客様は敵だ。あなた方こそ（カルテルのメンバーこそ）友達だ」と語っています。

映画では、価格協定会議で「顧客は敵、ライバルは友」という発言及び会合出席者の一人が最後に Agree！ と叫んだことがカルテルの決め手として描かれています。また、「企業の違法行為に比べたら個人の収賄や横

---

80 Feedstuffs Magazine、2008.6.2
http://fdsmagissues.feedstuffs.com/fds/PastIssues/FDS8022/fds01_8022.pdf
http://fdsmagissues.feedstuffs.com/fds/PastIssues/FDS8022/fds42_8022.pdf
81 1999年5月20日付司法省発表：
http://www.justice.gov/atr/public/press_releases/1999/2450.htm

領なんて大した問題ではない」というような台詞をマーク・ウィテカーは繰り返しいいます。ブラックな皮肉が満載です。この中には「社会の不正を告発する良識ある個人VS陰謀や不祥事の隠ぺいのために暗躍する企業」のような構図を示しながらFBIを騙した詐欺師でもあったという部分をコメディ化しています。ソダーバーグ監督の意図は、「インサイダー」や「フィクサー」のように正面から内部告発を正義で語る映画より彼なりの皮肉を込めたパロディとしたものではないでしょうか。

　最終的に、ADM社は当時としては最高額の罰金となる1億ドルを支払い当局と司法取引を（違反を認め、以降の捜査に協力することを約束するのと引き換えに求刑の軽減などを合意し、その後の裁判手続きを簡素化する制度）締結しました[82]。なお、司法省反トラスト局（2014年12月11日時点）発表の1,000万ドル以上の罰金一覧表の120社のうち47社が日本企業又は日系企業となっています。

　日本企業の最高罰金額は、第3位で2012年のM社のAutomobile Partsに対して4.7億ドルでした。第4位は、2014年のN社で、Anti-vibration rubber products for automobilesに対して4.25億ドルでした。その他に、第12位に2012年のO社のAutomotive Wire Harnesses & Related Productsに対する2億ドル、第13位に2014年のP社のAutomotive Wire Harnesses & Related Productsに対する1.95億ドル、第14位に2014年のQ社のAutomotive Wire Harnesses and Electronic Componentsに対する1.9億ドルでした。特に、2014年に1,000万ドル以上の罰金を受けた企業は、13社存在します[83]。この数字は、120社中なので10％を超える数値です。

82　1996年10月15日付司法省発表：http://www.justice.gov/opa/pr/1996/Oct96/508at.htm
83　ANTITRUST DIVISION　Sherman Act Violations Yielding a Corporate Fine of $10 Million or More、2014.12.11

このように、内部告発に端を発した国際カルテルの立件に成功した米当局は、課徴金減免制度（リーニエンシー制度）を改正し、違反を申請しやすい環境に変更しました。このことにより、従来は、免責が受けられるか否かわからなかった部分を明確にしたので、当局が捜査に未着手の段階で最初に違反を申告した企業には、違反行為を直ちに止め、捜査協力を真摯に行う等の一定の条件を満たせば、企業のみならずその関係者についても自動的に刑事罰（罰金刑、禁固刑）の免除を受けられるものとしました[84]。なお、当局が捜査着手後であっても、申告時期、証拠価値等の一定の条件を満たせば免責が認められる場合があることも記載されています。

＊　　　　　　　＊

　日本の課徴金減免制度も前述の通り、2005年に新設され改正に伴い告発しやすくなるとともに、免責が受けやすくなりました。特に、国際カルテルを申告する場合は、複数国の競合する当局に同時に申告することが一般的になりました。当局側もこのような申告に基づいてお互いに一定の連携を図りながら内偵を進めるために、家宅捜索など強制捜査・調査に踏み切る際には、各国に点在する関係会社に対して各国の当局がほぼ同じタイミングで捜査する等の事件捜査・調査も国際的拡がりをみせています。

4.2　近時の国内外カルテル・談合事件例

　最近の公正取引委員会は、大なり小なりの排除措置命令等を発出しています。具体的には次の通りです。なお、下記の文章は公正取引委員会ホームページから引用しています[85]。

84　Corporate Leniency Program、http://www.justice.gov/atr/public/guidelines/0091.htm
85　http://www.jftc.go.jp/houdou/pressrelease/h27/index.html

[平成27年3月19日] A社に対する勧告について
　A社に対し調査を行ってきたところ、消費税の円滑かつ適正な転嫁の確保のための消費税の転嫁を阻害する行為の是正等に関する特別措置法（以下「消費税転嫁対策特別措置法」という。）第3条第1号後段（買いたたき）の規定に違反する行為が認められたので、本日、消費税転嫁対策特別措置法第6条第1項の規定に基づき、同社に対し勧告を行った。

[平成27年2月27日] B協同組合に対する排除措置命令について
　B協同組合に対し、独占禁止法の規定に基づいて審査を行ってきたところ、次のとおり、不公正な取引方法の第14項（競争者に対する取引妨害）に該当し、同法第19条の規定に違反する行為を行っているとして、本日、同法第20条第1項の規定に基づき、排除措置命令を行った。

[平成27年2月27日] C社ほか14社に対する審決について
　　　　　　　（V市等に所在するタクシー事業者による価格カルテル事件）
　被審人C社ほか14社（以下「被審人ら」という。）に対し、平成24年4月13日、審判手続を開始し、以後、審判官をして審判手続を行わせてきたところ、平成27年2月27日、被審人らに対し、独占禁止法第66条第2項の規定に基づき、被審人らの各審判請求をいずれも棄却する旨の審決を行った。

[平成27年2月26日] D社に対する勧告について
　D社に対し調査を行ってきたところ、消費税の円滑かつ適正な転嫁の確保のための消費税の転嫁を阻害する行為の是正等に関する特別措置法（以下「消費税転嫁対策特別措置法」という。）第3条第1号後段（買いたたき）の規定に違反する行為が認められたので、本日、消費税転嫁対策特別措置法第6条第1項の規定に基づき、同社に対し勧告を行った。

[平成27年1月30日] E社に対する勧告について
　E社に対し調査を行ってきたところ、消費税の円滑かつ適正な転嫁の確保のための消費税の転嫁を阻害する行為の是正等に関する特別措置法（以下「消費税転嫁対策特別措置法」という。）第3条第1号後段（買いたたき）の規定に違反する行為が認められたので、本日、消費税転嫁対策特別措置法第6条第1項の規定に基づき、同社に対し勧告を行った。

[平成27年1月20日] Wに所在するF協同組合等が発注する低温空調設備工事の工事業者に対する排除措置命令、課徴金納付命令等について

　Wに所在するF協同組合等が発注する低温空調設備工事の工事業者に対し、独占禁止法の規定に基づいて審査を行ってきたところ、同協同組合農協等発注の特定低温空調設備工事について、同法第3条（不当な取引制限の禁止）の規定に違反する行為を行っていたとして、本日、同法第7条第2項の規定に基づく排除措置命令及び同法第7条の2第1項の規定に基づく課徴金納付命令を行った。

　また、F等から施主代行業務を受託していたG協同組合連合会（以下「G」という。）に対し、Gの一部の職員の行為が上記違反行為を誘発し、助長していたものであると認められたことから、本日、申入れ等を行った。

[平成27年1月16日]　H協同組合連合会に対する排除措置命令等について

　H協同組合連合会に対し、独占禁止法の規定に基づいて審査を行ってきたところ、同法第3条（私的独占の禁止）の規定に違反する行為を行っていたとして、本日、同法第7条第2項の規定に基づき、排除措置命令を行った。

　また、I協同組合に対し、申入れを行うとともに、同連合会に対し申入れを行った。さらにX県に対し通知を行った。

[平成27年1月14日]　J協同組合に対する排除措置命令及び同組合の構成事業者に対する課徴金納付命令について

　J協同組合らに対し、独占禁止法の規定に基づいて審査を行ってきたところ、次のとおり、同法第8条第1号（事業者団体による一定の取引分野における競争の実質的制限）に該当し、同法第8条の規定に違反する行為を行っていたとして、本日、同組合に対し、同法第8条の2第2項の規定に基づく排除措置命令を行うとともに、同組合の構成事業者6社に対し、同法第8条の3において準用する同法第7条の2第1項の規定に基づく課徴金納付命令を行った。

[平成26年9月9日]　鋼球の製造業者に対する排除措置命令及び課徴金納付命令について

　鋼球(注1)の製造業者に対し、独占禁止法の規定に基づいて審査を行ってきたところ、次のとおり、同法第3条（不当な取引制限の禁止）の規定に違反する行為を行っていたとして、本日、同法第7条第2項の規定に基づく排除措置命令及び同法第7条の2第1項の規定に基づく課徴金納付命令を行った。

　（注1）「鋼球」とは、鋼材を原材料とする玉（遊技球を除く）をいう。

[平成26年6月19日] Y地区に交渉担当部署を有する需要者向け段ボールシート又は段ボールケースの製造業者及び大口需要者向け段ボールケースの製造業者に対する排除措置命令、課徴金納付命令等について

　段ボールシート(注1)又は段ボールケース(注2)の製造業者らに対し、独占禁止法の規定に基づいて審査を行ってきたところ、後記第1のとおり（記載省略）、同法第3条（不当な取引制限の禁止）の規定に違反する行為を行っていたとして、本日、同法第7条第2項の規定に基づく排除措置命令及び同法第7条の2第1項の規定に基づく課徴金納付命令を行った。

　また、違反事業者のうち51社が会員となっていたY段ボール工業組合に対し、後記第2のとおり（記載省略）、申入れを行った。

　（注1）「段ボールシート」とは、波形に成形した中しんの、片面又は両面にライナを貼ったものをいう。

　（注2）「段ボールケース」とは、段ボールシートで作った箱をいう。

[平成26年6月5日] K社に対する排除措置命令及び課徴金納付命令について

　K社に対し、独占禁止法の規定に基づいて審査を行ってきたところ、次のとおり、同法第2条第9項第5号（優越的地位の濫用）に該当し同法第19条の規定に違反する行為を行っていたとして、本日、同法第20条第2項の規定に基づく排除措置命令及び同法第20条の6の規定に基づく課徴金納付命令を行った。

[平成26年3月18日] 自動車運送業務を行う船舶運航事業者に対する排除措置命令、課徴金納付命令等について

　自動車運送業務を行う船舶運航事業者に対し、独占禁止法の規定に基づいて審査を行ってきたところ、同法第3条（不当な取引制限の禁止）の規定に違反する行為を行っていたとして、本日、同法第7条第2項の規定に基づく排除措置命令及び同法第7条の2第1項の規定に基づく課徴金納付命令を行った。

[平成26年3月4日] L独立行政法人が発注する北陸新幹線融雪・消雪基地機械設備工事の入札談合に係る告発について

　L独立行政法人が発注する北陸新幹線融雪基地機械設備工事及び消雪基地機械設備工事（以下「融雪・消雪基地機械設備工事」という。）の入札談合事件について犯則調査を行ってきたところ、独占禁止法に違反する犯罪があったと思料して、同法第74条第1項の規定に基づき、本日、M社ほか7社及び同犯罪当時に被告発会社8社で設備工事の請負等の業務に従事していた8名を検事総長に告発した。

[平成26年2月3日]　Z県が発注する土木一式工事及び舗装工事の入札参加業者に対する排除措置命令及び課徴金納付命令について

　Z県が発注する土木一式工事及び舗装工事の入札参加業者に対し、独占禁止法の規定に基づいて審査を行ってきたところ、次のとおり、同県発注の特定土木一式工事及び特定舗装工事についてそれぞれ同法第3条(不当な取引制限の禁止)の規定に違反する行為を行っていたとして、本日、同法第7条第2項の規定に基づく排除措置命令及び同法第7条の2第1項の規定に基づく課徴金納付命令を行った。

4.3　絶妙で鉄壁な"Y"字バランス

　当時、テキサス大学の犯罪学が専門のWiliam K. Black助教授[86,87,88]は、我が国の談合についてBusiness Ethics Quarterly Vol.14, No.4、の2004年10月に"The Dango Tango：Why Corruption Blocks Real Reform in Japan"という論文を掲載しています。それが、邦訳され「談合は踊る(1)、(2)、(3)日本の改革を妨げる政官業癒着」というのがあります。この論文の要旨は、次の通りです。

(1)　日本社会の改革を妨げている最大の問題は、談合である
(2)　妨げの背景には、政官業の癒着がある
(3)　談合（Bid-rigging）は、密室取引（Back room deal）であるから不正行為である
(4)　天下りは腐敗の要因として看過できない深刻な慣行である
(5)　癒着が寄与して莫大な公共投資を生み、そこに談合の舞台が提供できた
　　① 1995年から2005年にかけて日本は、米国の公共事業投資総額の3

---

[86]　ウイリアムK.ブラック、西藤輝・瀬名敏夫他訳「談合は踊る(1)日本の改革を妨げる政官業癒着」経営倫理、経営倫理実践研究センター、No.43、pp.7〜13、2005.12
[87]　ウイリアムK.ブラック、西藤輝・瀬名敏夫他訳「談合は踊る(2)日本の改革を妨げる政官業癒着」経営倫理、経営倫理実践研究センター、No.44、pp.8〜12、2006.2
[88]　ウイリアムK.ブラック、西藤輝・瀬名敏夫他訳「談合は踊る(3)日本の改革を妨げる政官業癒着」経営倫理、経営倫理実践研究センター、No.45、pp.7〜13、2006.5

〜4倍という金額を公共投資した
　②　GDPで比較した場合、1990年代初頭における日本の公共事業投資額は約8％であり米国は2％である。1990年から2000年にかけての10年間は、日本の公共事業投資額は約9％であり米国は1％である
　③　日本は、国家予算の約40％が公共事業に使われている。しかし、米国は、8〜10％、イギリス・フランスは、4〜6％である。日本は、突出し異常ともいえる公共事業投資が窺える

　　　　　　　　＊　　　　　　　　　　　　　＊

　今から10年ほど前の論文ですが、そこからどれほど我が国は改善できたのでしょうか？

　この論文では、"三者（政・官・業）のトライアングル"といっていますが、国内からみるとこれは、現在でも、絶妙なＹ字バランスとして存在していることに気づきます。公共事業は、いうまでもなく小規模工事になればなるほど、地方にいけばいくほど特定の業者間での工事協議会とか勉強会という名前で何をどうするということを事前に決めることがあります。さらに、建設業の場合は、3Ｋ（きつい、汚い、危険）事業なので若手就労者が少なく、高齢者による（それも熟練工ならまだよいがアルバイト的に現場に来る高齢者が増えている）作業が増加し、高所作業（地上2ｍ以上での作業）による墜落転落が我が国の3大災害の一つとなっています。

　さらに、選挙となると○○○氏推薦のリーフレットが会社内に回り、ある会社では、会社業務と称し数名が選挙事務所に詰めたりしている場合も見かけます。

　政官業―業[89]で作られた絶妙で鉄壁なＹ字バランスが我が国には存在しています（**図表12**参照）。

　この絶妙で鉄壁なＹ字バランスを今後も生かしていける装置を官僚が

89　業―業は「大企業」と「中小零細企業」に分けられることを示している。

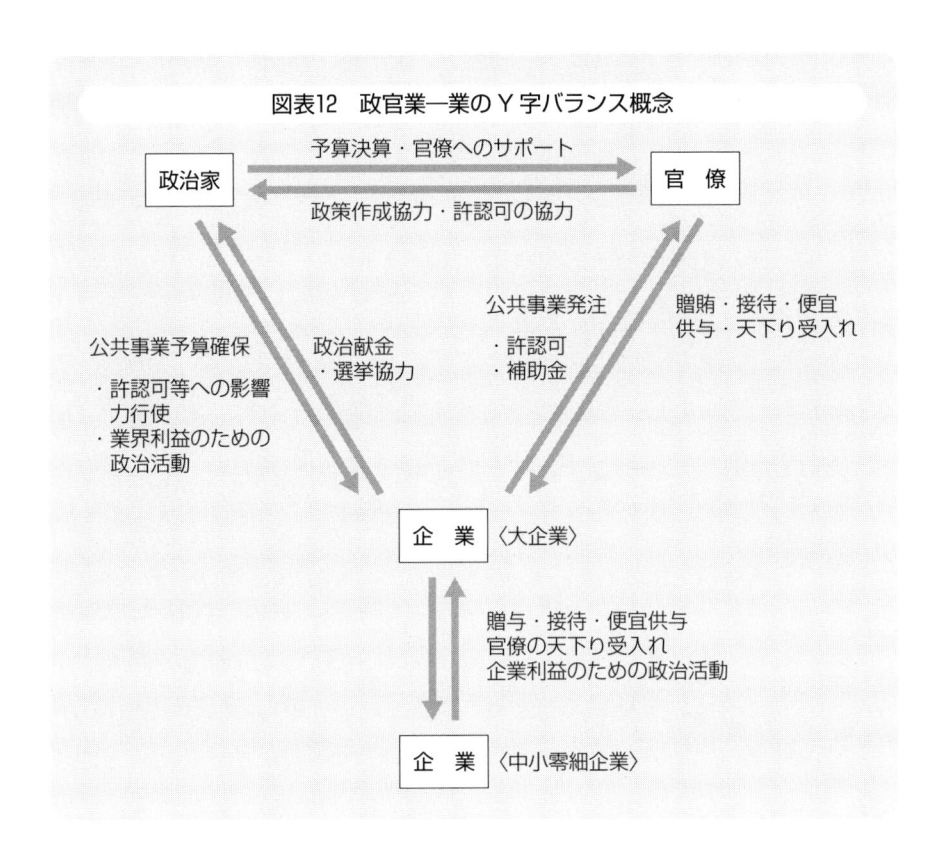

図表12　政官業―業のＹ字バランス概念

政治家 ⇔ 官僚
- 予算決算・官僚へのサポート
- 政策作成協力・許認可の協力

公共事業予算確保
・許認可等への影響力行使
・業界利益のための政治活動

政治献金
・選挙協力

公共事業発注
・許認可
・補助金

贈賄・接待・便宜供与・天下り受入れ

企　業〈大企業〉

贈与・接待・便宜供与
官僚の天下り受入れ
企業利益のための政治活動

企　業〈中小零細企業〉

開発しない限り我が国は、腐敗の防止に関する国際連合条約（国連腐敗防止条約）[90]に批准しないのではないかと筆者は推察しています。

　国連腐敗防止条約が採択された背景を外務省のホームページから引用すると、「公務員に係る贈収賄、公務員による財産の横領等腐敗に関する問題は、グローバル化の一層の進展に伴い、持続的な発展や法の支配を危うくする要因として、もはや地域的な問題ではなく、すべての社会及び経済に影響を及ぼす国際的な現象となっています。また、腐敗行為とその他の形態の犯罪（組織犯罪等）との結び付きも指摘されるようになり、効果的

90　外務省ホームページ：http://www.mofa.go.jp/mofaj/gaiko/soshiki/huhai/index.html

に腐敗行為を防止するためには国際協力を含め包括的かつ総合的な取組が必要であるとの認識が共有されるようになりました。」とあります。

　条約のポイントは、腐敗行為を防止し、及びこれと戦うため、公務員に係る贈収賄、公務員による財産の横領等一定の行為の犯罪化、犯罪収益の没収、財産の返還等に関する国際協力等につき規定しています。具体的な条約のポイントは以下の通りです。

(ア)　腐敗行為の防止のため、公的部門（公務員の採用等に関する制度、公務員の行動規範、公的調達制度等）及び民間部門（会計・監査基準、法人の設立基準等）において透明性を高める等の措置をとる。また、腐敗行為により不正に得られた犯罪収益の資金洗浄を防止するための措置をとる

(イ)　自国の公務員、外国公務員及び公的国際機関の職員に係る贈収賄、公務員による財産の横領、犯罪収益の洗浄等の腐敗行為を犯罪とする

(ウ)　腐敗行為に係る犯罪の効果的な捜査・訴追等のため、犯罪人引渡し、捜査共助、司法共助等につき締約国間で国際協力を行う

(エ)　腐敗行為により不正に得られた犯罪収益の没収のため、締約国間で協力を行い、公的資金の横領等一定の場合には、他の締約国からの要請により自国で没収した財産を当該他の締約国へ返還する

　　　　　　　　　＊　　　　　　　　　　　＊

　これらを租税法の面からみると、租税回避（法律の未整備部分等をいいことに公序良俗に反するところを利用して納税を免れようとする行為）や脱税等の防止に役立つ条約です。

4.4 小括

第4章をまとめると、次の通りとなります。
(1) カルテル・談合はいつもどこかで行われている
(2) 今日もどこかで喪に服している（業界用語で営業停止期間をいう）
(3) それでも見つからないカルテル・談合は存在する
(4) 我が国は、Y字バランスが今後も生かせる装置を官僚が開発するまで国連腐敗防止条約に批准できない？

第5章

違法支出に関する
株主代表訴訟の事例の検討

第 5 章　違法支出に関する株主代表訴訟の事例の検討

　実務者及び株主は、違法支出についてどのように対応しているかを、裁判上の和解、使途秘匿金課税状況等から検討します。

5.1　調査方法

1　株主代表訴訟件数等

　株主代表訴訟件数等は、『旬刊　商事法務3月号』(2014年（平成26年）6月25日発行、No.2036）の61頁[91]及び『資料版商事法務2014年3月号』の57～72頁[92]のデータを採用しました。

2　使途秘匿金課税

　使途秘匿金課税状況は、行政機関の保有する情報の公開に関する法律第4条1項の規定に基づき、国税庁に対し行政文書開示決定通知書（2014年（平成26年）6月5日付け課法5-2、5-3）を受けました。

　開示の実施方法等は行政機関の保有する情報の公開に関する法律第14条2項及び同施行令第11条2項の規定に基づき、1995年から2012年の事務年度における使途秘匿金課税状況の統計資料[93,94]を入手し定量分析をしました。

91　公益社団法人商事法務研究会『旬刊商事法務（6月25日号 No.2036）』2014.6
92　商事法務『資料版／商事法務（3月号 No.360）』2014.3
93　国税庁、課法5-2「1995年度以降の企業の使途秘匿金課税の状況」2014.6
94　国税庁、課法5-3「1995年度以降の企業の使途秘匿金課税の業種別状況の推移」2014.6

3　裁判上の和解例

裁判上の和解文は、

① 　A 社（2009年（平成21年）　6 月 5 日　大阪地方裁判所第 4 民事部）[95]
② 　B 社（2009年（平成21年）12月22日　大阪地方裁判所第 4 民事部）[96]
③ 　C 社（2010年（平成22年）　2 月17日　神戸地方裁判所第 4 民事部）[97]
④ 　D 社（2010年（平成22年）　3 月30日　大阪地方裁判所第 4 民事部）[98]

の内容を定性分析しました。

4　コンプライアンス等に関する調査報告・提言書

コンプライアンス等に関する調査報告・提言書は、

① 　A 社（2010年（平成22年）　3 月29日）[99]
② 　C 社（2011年（平成23年）　3 月 8 日）[100]
③ 　D 社（2011年（平成23年）　4 月20日）[101]
④ 　B 社（2011年（平成23年）10月 3 日）[102]

の内容を定性分析しました。

5　独占禁止法における近年の談合事例、課徴金額及び課徴金減免制度利用状況

公正取引委員会のホームページから、

① 　課徴金納付命令
② 　平成25年度における独占禁止法違反事件の処理状況について

---

[95] 大阪地方裁判所第 4 民事部「A 社和解書」2009. 6
[96] 大阪地方裁判所第 4 民事部「B 社和解書」2009. 12
[97] 神戸地方裁判所第 4 民事部「C 社和解書」2010. 2
[98] 大阪地方裁判所第 4 民事部「D 社和解書」2010. 3
[99] コンプライアンス検証・提言委員会、A 社　提言書、2010. 3
[100] C 社コンプライアンス検証・提言委員会、提言書、2011. 3
[101] D 社コンプライアンス検証・提言委員会、報告書、2011. 4
[102] B 社独占禁止法遵守コンプライアンス検証・提言委員会、報告書、2011. 10

③　平成18年から平成26年6月19日までの「課徴金減免制度の適用事業者一覧」[103, 104, 105]

を用いて定量分析を行いました。

特に、課徴金納付命令は、審査過程において認められた事実及び課徴金減免制度の適用事業者について、
①　平成25年12月報道発表資料
②　平成26年1月報道発表資料
を用いて表化しました。

なお、課徴金納付命令の推移と対象事業者数の**図表24**は、公正取引委員会が作成した図を流用しました。

5.2　解析結果

1　株主代表訴訟件数の推移と損害賠償請求額

　最高裁判所による調査が可能であった2008年（平成20年）以降の、全国の地方裁判所における株主代表訴訟件数は、増加傾向を示しています。2012年（平成24年）は、新受件数が100件を超えています（**図表13**参照）。

　2005年（平成17年）以降に提起された主要な国内株主代表訴訟事件（61件）の損害賠償請求額のうち5億円超10億円以下の請求額が最も多く10件存在します。少額の1億円以下の請求額は6件と少なくなっています。

　また、100億円を超えるような巨額の請求額も、4件存在します。この

103　公正取引委員会「平成25年12月20日及び平成26年1月31日公表の排除措置命令等」
　　　http://www.jftc.go.jp/houdou/pressrelease/h26/jan/140131.html、2014.6
　　　http://www.jftc.go.jp/houdou/pressrelease/h25/dec/131220.html、2014.6
104　公正取引委員会「平成25年度における独占禁止法違反事件の処理状況について」
　　　http://www.jftc.go.jp/houdou/pressrelease/h26/may/140528.html、2014.5
105　公正取引委員会「平成18～26年6月19日までの課徴金減免制度の適用事業者一覧」
　　　http://www.jftc.go.jp/dk/seido/genmen/kouhyou

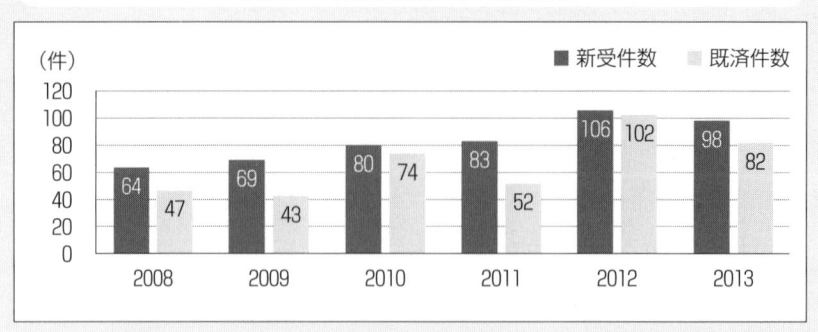

図表13　株主代表訴訟件数の推移

年	新受件数	既済件数
2008	64	47
2009	69	43
2010	80	74
2011	83	52
2012	106	102
2013	98	82

注記　この統計は、『旬刊商事法務（平成26年6月25日 No.2036）』61頁下段記事をまとめたものである。

ように、金額にはかなりの幅が存在しますが、30億円以下の範囲が45件となり、70％を超えています（**図表14**参照）。

　株主代表訴訟の訴訟原因を分析してみると、61件の訴訟事件のうち複数項目を訴訟原因としている事件が4件（いずれも訴訟原因は2種類）あります。それらを分解して65件として訴訟原因を分析すると、経営判断の誤りを問う件数が24件(36.9%)、カルテル・談合の違法行為が11件(16.9%)、善管注意義務及び忠実義務違反が7件（10.8%）と上位3訴訟原因で全体件数の64.6%を占めています。4番目に不正経理、5番目に贈賄・違法献金と続き、インサイダー取引は法律の厳罰化に伴い割合は低くなっています（**図表15**参照）。

　65件のうち11件は裁判上の和解が成立しており、その和解事件の内訳を見ると、①カルテル・談合に関する場合が7件（63.6%）、②不正経理に関する場合が2件(18.2%)、③贈賄・違法献金に関する場合が2件(18.2%)でした。裁判上の和解の分析では、この11件のうち、同一事件内容として存在する4件について分析することにします。

第5章　違法支出に関する株主代表訴訟の事例の検討

図表14　国内株主代表訴訟における損害賠償請求額

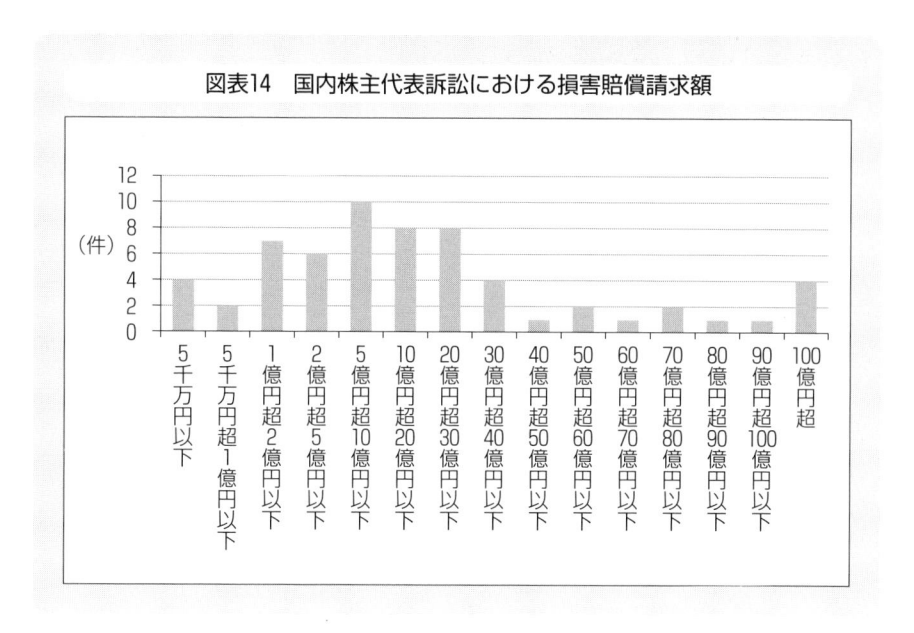

図表15　株主代表訴訟の訴訟原因

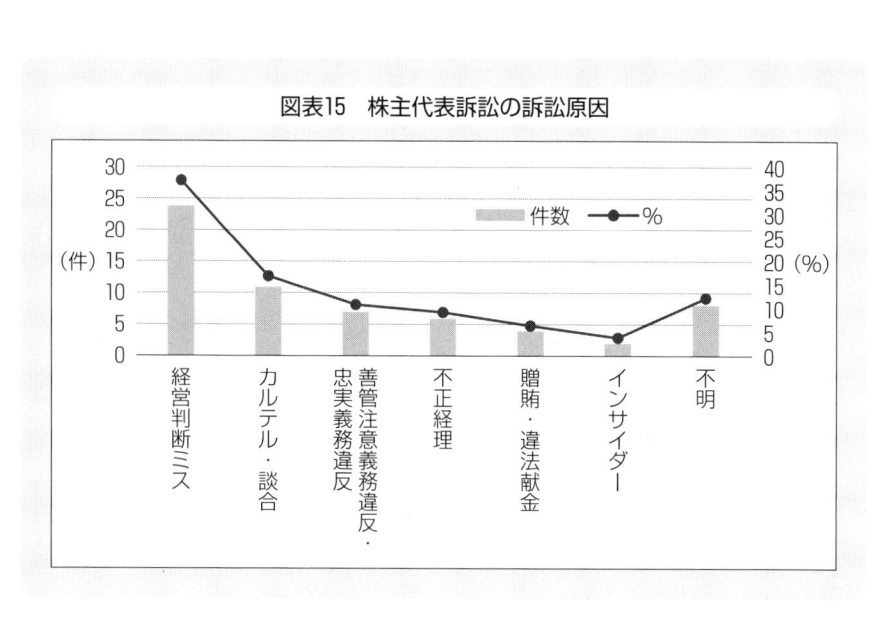

101

2　全法人に対する使途秘匿金課税状況

　1995年（平成7年）から2012年（平成24年）の事務年度における使途秘匿金課税状況を見てみると、課税対象法人数は、4,098法人から1,040法人とおよそ当初の法人数から75％減少し、課税額は、154億円から24億円とおよそ当初の額から84％減少しています。また、課税合計金額は1,670億円でした。調査課所管法人の課税割合は、1995年（平成7年）から2011年（平成23年）まで50％以上を占め、特に、2005年には73.3％を占めています。このように資本金1億円以上の企業が使途秘匿金を多く支出していることがわかります（図表16参照）。

　使途秘匿金課税をされた法人数に関してこの政策が有効であるか否かについて散布図を用いて検討すると、相関係数は0.9467と非常に高く、法人数の減少に政策効果があったと考えられます（図表17参照）。

　課税額に関してこの政策が有効であるか否かについて散布図を用いて検討すると、相関係数は0.973と非常に高く、使途秘匿金の減少に政策効果があったと考えられます（図表18参照）。

3　業種別使途秘匿金課税状況

　業種別の使途秘匿金課税状況を1997年（平成9年）から2012年（平成24年）における事務年度について確認してみると、毎年度最も多い業種は、建設業でした。次いで製造業、サービス業、卸売業、運送業、小売業及びその他と続いています。

　また、16年間の事務年度における業種別使途秘匿金合計は、建設業776億円（57.1％）、製造業179億円（13.2％）、サービス業141億円（10.4％）、卸売業102億円（7.5％）、運送業65億円（4.8％）、小売業29億円（2.1％）及びその他66億円（4.9％）でした。

　このように、建設業が約6割近くを占め、ものつくりの観点でみると建設業及び製造業の2業種を合わせると、955億円となり70.3％を占めています。

図表16　全法人に対する使途秘匿金課税状況

事務年度	1995	1996	1997	1998	1999
法人数	4,098	3,570	3,295	2,912	2,796
内調査課所管法人	829	813	807	706	709
税額（億円）	154	159	161	129	130
内調査課所管法人税額（億円）	96	98	103	80	79
調査課所管法人税額割合(%)	62.3	61.6	64.0	62.0	60.8
事務年度	2000	2001	2002	2003	2004
法人数	2,592	2,401	2,162	2,008	1,826
内調査課所管法人	659	637	589	553	497
税額（億円）	124	123	110	96	93
内調査課所管法人税額（億円）	79	79	72	61	65
調査課所管法人税額割合(%)	63.7	64.2	65.5	63.5	69.9
事務年度	2005	2006	2007	2008	2009
法人数	1,669	1,540	1,480	1,264	1,211
内調査課所管法人	456	394	355	304	248
税額（億円）	90	75	54	44	34
内調査課所管法人税額（億円）	66	52	30	28	17
調査課所管法人税額割合(%)	73.3	69.3	55.6	63.6	50.0
事務年度	2010	2011	2012	—	—
法人数	1,132	1,067	1,040	—	—
内調査課所管法人	240	215	186	—	—
税額（億円）	39	31	24	—	—
内調査課所管法人税額（億円）	20	16	10	—	—
調査課所管法人税額割合(%)	51.3	51.6	41.7	—	—

注記1．事務年度とは、各7月1日から翌年6月30日までの期間を示す。
　　2．調査課所管法人とは、原則として資本金1億円以上の法人をいう。
　　3．調査課所管法人税額割合（%）は、小数点第2位を四捨五入した。
　　4．本表の税額と**図表19**の各事務年度の合計が一致しない事務年度があるのは、元々国税庁の資料が表の計数単位未満を四捨五入している（四捨五入の結果「0」となるのは、**図表19**で「0」と表示）ためである。

図表17　課税された法人数の経年変化

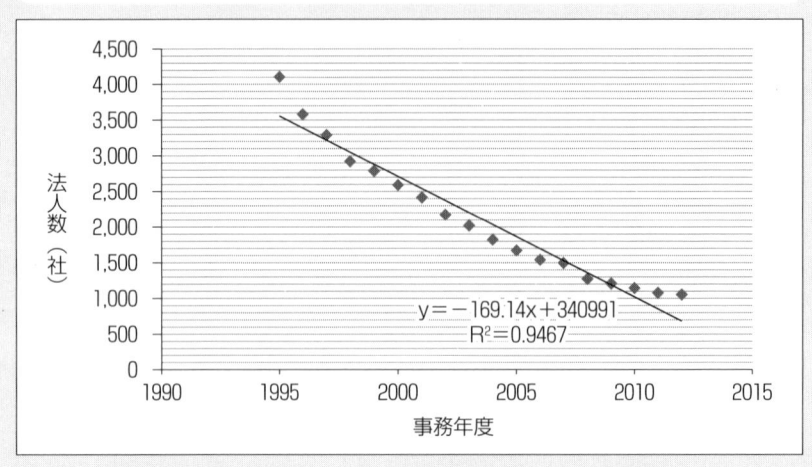

縦軸：法人数（社）
横軸：事務年度

$y = -169.14x + 340991$
$R^2 = 0.9467$

注記1．事務年度とは、各年7月1日から翌年6月30日までの期間を示す。
　　2．課税額には調査課所管法人（原則として資本金1億円以上の法人）を含める。

図表18　課税額の経年変化

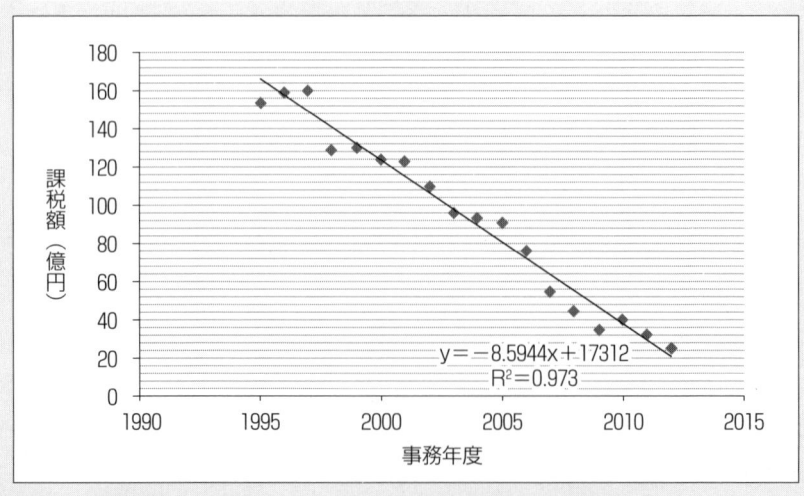

縦軸：課税額（億円）
横軸：事務年度

$y = -8.5944x + 17312$
$R^2 = 0.973$

注記1．事務年度とは、各年7月1日から翌年6月30日までの期間を示す。
　　2．課税額には調査課所管法人（原則として資本金1億円以上の法人）を含める。

図表19　業種別使途秘匿金課税状況

(単位：億円)

事務年度	建設業	製造業	サービス業	卸売業	運送業	小売業	その他
1997	90	19	17	18	4	5	9
1998	80	16	11	8	4	2	7
1999	77	18	11	9	4	4	7
2000	77	16	12	7	5	2	5
2001	69	18	17	6	3	2	8
2002	63	18	10	6	5	2	6
2003	56	9	11	9	3	3	4
2004	52	23	8	5	3	1	2
2005	56	12	6	4	8	2	2
2006	47	6	6	4	5	1	8
2007	32	5	6	4	4	2	2
2008	25	4	7	3	3	1	1
2009	18	3	4	3	3	1	2
2010	12	5	6	10	3	1	2
2011	12	4	5	3	6	0	1
2012	10	3	4	3	2	0	0
合計	776	179	141	102	65	29	66

注記1．事務年度とは、各年7月1日から翌年6月30日までの期間を示す。
　　2．課税額には調査課所管法人（原則として資本金1億円以上の法人）を含める。
　　3．業種別状況については、1997年以降に限り集計している。
　　4．表の係数の単位未満は四捨五入してある（四捨五入の結果「0」となるものは、「0」と表示）ので、**図表16**の税額と本表の各事務年度の合計が一致しない場合がある。

　このことは、ものつくり産業が突出して他の産業より多くの使途秘匿金を使用している実態を表していると考えられます。
　また、建設業の総金額の低減が1997年（平成9年）以降見られるものの、他の産業と比較すると多くの使途秘匿金を使用していることに変わりがないことを示しています（**図表19**参照）。

業種別に使途秘匿金課税の占める割合をまとめると、1997年（平成9年）から2009年（平成21年）までは建設業が50％以上を占め、続いて製造業、第3位にサービス業、第4位に卸売業の順となりました。2009年（平成21年）までは、この4業種で使途秘匿金課税の占める割合は、85％程度となります。

　特に建設業が2010年（平成22年）に前年より激減した理由は、①談合組織の崩壊、②株主代表訴訟の増加、③企業の社会的責任の追及の激化、によるものと考えられます。

　なお、2010年（平成22年）には建設業の株主代表訴訟及び和解がされている関係から割合は30.8％に低減されましたが、各コンプライアンス検証・提言委員会報告が提出された2011年（平成23年）には、建設業への使途秘匿金課税額が12億円となり、2012年(平成24年)は10億円となりました。

　建設業が占める割合は、課税額は減少傾向にあるものの、2011年（平成23年）以降は、使途秘匿金課税割合が増加に転じ、建設業は、他業種よりも15％以上高い使途秘匿金課税の割合を占め30％以上を推移し、以前と同様に50％を超える割合になる可能性があります（**図表20**参照）。

　業種別に散布図を作成し比較すると、運送業を除く建設業、製造業、卸売業、小売業、サービス業及びその他の相関係数は、0.9736から0.4194となり、使途秘匿金課税が毎年度の使途秘匿金支出を抑制し、本課税の主旨の不透明な支出は損金扱いしないという政策効果があったと判断できます。ただし、およそ20年をかけてここまで低減できたのであり、その間に公共工事や民間工事の減少及び不況・デフレという経済状態があったことも使途秘匿金が低減していった要因の一つと考えることができます。したがって、使途秘匿金課税は使途秘匿金支出を抑制する一つの要因でしかないと考えることもできます。なぜなら、本当に、使途秘匿金課税が納税者にとって脅威であれば減少の仕方が指数関数的に減少する（課税施行年数が経過すればするほど反比例的に減少していくこと）と考えられるからです。

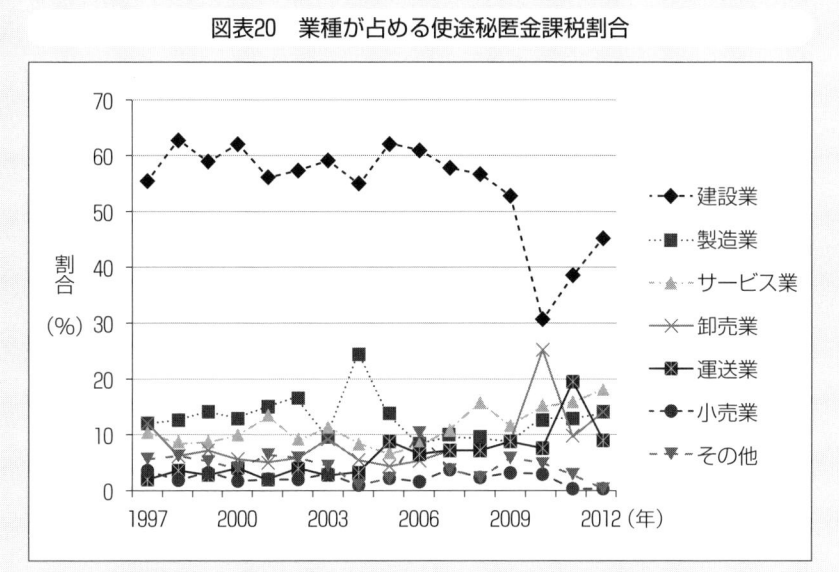

図表20　業種が占める使途秘匿金課税割合

注記１．事務年度とは、各年７月１日から翌年６月30日までの間を示す。
　　２．課税額には調査課所管法人（原則として資本金１億円以上の法人）を含める。
　　３．業種別状況については、1997年以降に限り集計している。
　　４．割合の算出は、小数点以下第二位を四捨五入した。

　しかし、運送業の場合は、相関係数が0.0163と非常に低く特定企業が一定金額を特定相手先等に支出していると考えられ、政策的効果があったとは言い難いと考えられます。ということは、運送業は時代の趨勢にかかわらず一定金額を常に使途秘匿金として支出し、正々堂々と使途秘匿金課税を支払っている可能性があるということになります（**図表21**参照）。

4　裁判上の和解の分析

　裁判上の和解例４件（４社）を比較してみると、そのすべてで和解の目的を談合の禁止としており、そのうち１件は使途秘匿金支出の禁止も和解

図表21 業種別に見た場合の各事務年度に関する課税金額の経過

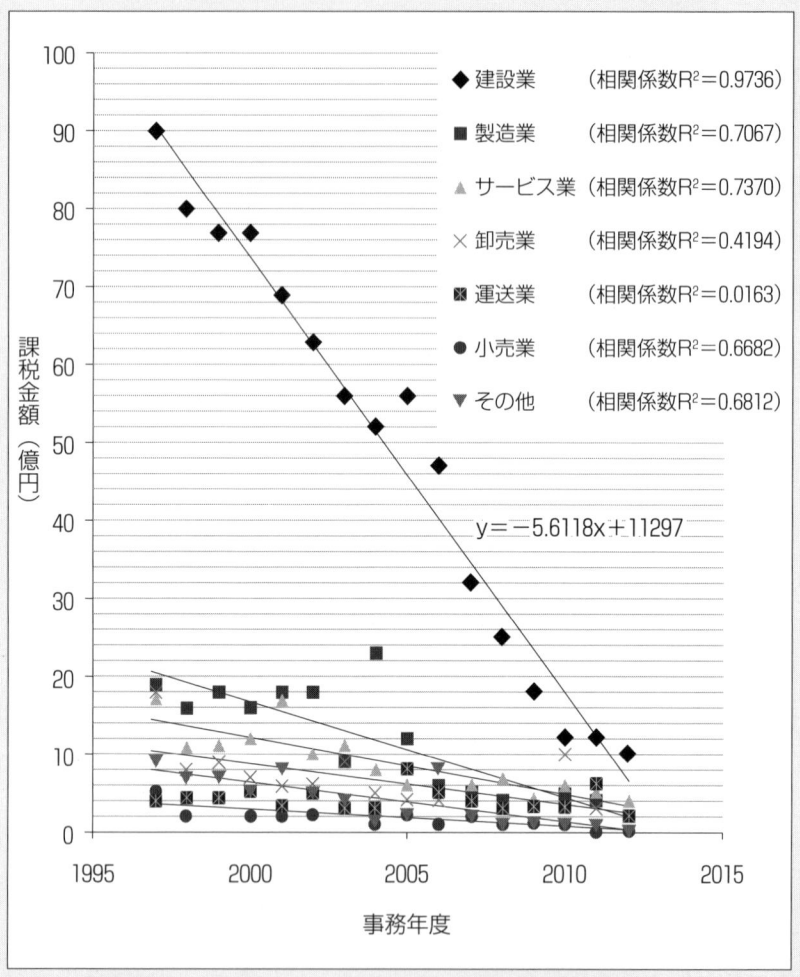

凡例:
- ◆ 建設業　（相関係数R^2＝0.9736）
- ■ 製造業　（相関係数R^2＝0.7067）
- ▲ サービス業（相関係数R^2＝0.7370）
- × 卸売業　（相関係数R^2＝0.4194）
- ▩ 運送業　（相関係数R^2＝0.0163）
- ● 小売業　（相関係数R^2＝0.6682）
- ▼ その他　（相関係数R^2＝0.6812）

$y＝-5.6118x+11297$

縦軸：課税金額（億円）
横軸：事務年度

注記1．事務年度とは、各年7月1日から翌年6月30日までの間を示す。
　　2．課税額には調査課所管法人（原則として資本金1億円以上の法人）を含める。
　　3．業種別状況については、1997年以降に限り集計している。

図表22　裁判上の和解結果

実施項目	A社	B社	C社	D社
目的	談合禁止	談合禁止	談合禁止	使途秘匿金及び談合禁止
原因調査再発防止策の策定期間	1年	1年	1年	1年
対処事件数	4件	3件	1件	3件
外部委員を含む委員会設置	○	○	○	○
提言内容等の公表	○	○	○	○
解決金の支払額（円）	2億円	2億500万円	8,800万円	2億3,000万円
外部受付窓口設置	○	○	○	○
マニュアル整備	○	○	○	○
職員研修プログラムの充実	○	○	○	○
利害関係者が必要と認めた施策	○	○	○	○

凡例：○は実施項目に該当するものをいう。

の目的としています。調査及び再発防止策策定期間は、1年間としている事例がすべてです。対処件数は、明るみに出ている事件のみを対象としています。

＊　　　　　　　　　　＊

　解決金は、各社さまざまの金額ではあるが、約1億円から約2億円と多額に上っています。支払者は、当時の会社役員等の被告が債務を負っています。

　その他は、調査・報告書作成に関しては①外部委員を含む委員会設置、②提言内容等の公表を規定しています。解決金の支出目的は、①外部受付窓口設置、②マニュアル整備、③職員研修プログラムの充実、利害関係者が必要と認めた施策としています（**図表22**参照）。

5　各社の提言書・報告書を検証

　各社の提言書及び報告書を検証すると、A社は、和解条項以上の内容について内部統制を実施していることがわかります。

　2005年12月末にスーパーゼネコン4社は、談合離脱宣言をし、世間を驚かせましたが、実際は、2006年（平成18年）11月の和歌山県談合事件、2007年（平成19年）2月の名古屋市地下鉄談合事件等が明るみに出てしまっています。

　そこで、企業の社会的責任を鑑みA社は、談合だけでなく違法性支出として課税庁が考えている使途秘匿金についてもその支出を禁止したと考えることができます。

　一方、D社は、使途秘匿金の支出を禁止することを和解の目的の一つにしていたにもかかわらず、同社のX参与、Y次長の頑なな発言拒否により実態を解明できないまま「地元対策費」という名目で1998年（平成10年）から2004年（平成16年）事業年度の7年間で工事代金の支払いに仮装して、C社に地元対策費の補填として34億6,000万円、C社手数料として8億4,000万円、D社とC社との間に介入した下請負先に手数料として5億円の合計48億1,000万円を支払ったことにつき、そのうちの34億6,000万円は費用に該当せず使途秘匿金として所得に該当すると課税庁に認定された経緯があります。

　その後の社内調査も、1社としては金額が巨額にもかかわらず、X参与による金員の私的流用の有無すら明確にできないままに事実関係はわかっていません。この「地元対策費」の使途を不明にしておくことは、コンプライアンスリスクを放置することになると考えられます。

　　　　　　　　＊　　　　　　　　　　　　＊

　和解事案の「使途秘匿金の支出禁止」については、報告書の中では禁止事項となっておらず、今後、他部所においても発生する可能性を残していました。

さらに報告書では、内部牽制機能の精緻化を要請するに留まっていました。受注活動の透明性については、B社及びD社は特定をしていませんでした。

　談合に伴う独占禁止法違反に関してはその強化が図られてはいますが、企業の体質改善としてそれ以上踏み込んだ施策を実施しているのは、A社だけでした。

　特に記述すべきことは、㈱大林組は、談合事件を①官庁OB再就職先の確保型官製談合、②首長主導型官製談合、③業界主導型談合の3パターンに分類して、その上で再発防止策を講じていることです。再発防止策について、「未然防止」と「早期発見離脱」の2段階コンプライアンス体制を考慮しているところは、評価すべき内容です。

　不正会計処理に関して防止体制を実施していることも優れていますが、2006年（平成18年）に改正された法人税法第55条においてその内容も盛り込んで対応していると考えられます。

　今後は、多くの企業で受注活動の透明性も企業の社会的責任として開示していく必要があると考えられます（**図表23**参照）。これらの提言書・報告書は、その時の参考資料として用いられることと考えられます。

6　課徴金額の推移及び課徴金減免制度の利用状況

　独占禁止法における課徴金額の推移及び課徴金減免制度の利用状況を見ると、課徴金の納付を命じる審決と課徴金納付命令による課徴金額の合計は毎年300億円前後を、対象事業者数は150前後を推移しています[106]（**図表24**参照）。

　課徴金減免申請事件数の推移を確認してみると課徴金減免制度が導入さ

106　公正取引委員会「平成25年度における独占禁止法違反事件の処理状況について」
　　http://www.jftc.go.jp/houdou/pressrelease/h26/may/140528.html、
　　2014.5

図表23　提言書・報告書の内容

摘　要	A	B	C	D
禁止事項	談合 使途秘匿金	談合	談合	談合
経営トップの決意表明	○	○	○	○
独禁法監査強化	○	○		○
教育研修制度 マニュアルの整備	○	○	○	○
人事制度改善	○	○	×	○
受注活動の透明性確保	○	特定せず	○	特定せず
不正会計処理防止体制	○	×	×	×
グループ企業の 教育協力体制	○	○	特定せず	特定せず
厳格な社内処分の実施	○	○	○	○

凡例：○は実施項目に該当するものをいう。×は非実施項目に該当するものをいう。

れた2006年度（平成18年度）は79件でしたが、その後の2009年（平成21年）の独占禁止法改正による課徴金減免制度の拡大に伴い、2010年以降は、毎年100件を超えて推移しています[107]（**図表25**参照）。

　課徴金減免制度は、他社の違反行為を密告するものではなく、会社が自社の判断で自社の違反行為に係る事実の報告を公正取引委員会に行う場合に、当該会社に対する措置を減免する制度です。したがって、他社の違反行為のみを報告しても、課徴金減免制度の対象となるものではなく、密告を奨励する制度でもありません。

　また、違反行為の報告又は資料の提出が虚偽のものであった場合、他の

107　公正取引委員会、http://www.jftc.go.jp/houdou/pressrelease/h25/may/130529.html、2014.12

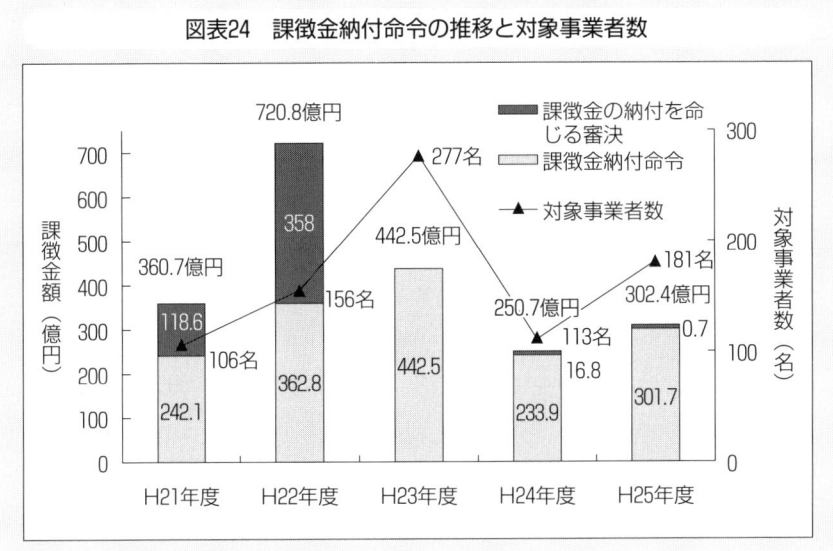

第5章　違法支出に関する株主代表訴訟の事例の検討

図表24　課徴金納付命令の推移と対象事業者数

年度	課徴金納付命令	課徴金の納付を命じる審決	合計	対象事業者数
H21年度	242.1	118.6	360.7億円	106名
H22年度	362.8	358	720.8億円	156名
H23年度	442.5	—	442.5億円	277名
H24年度	233.9	16.8	250.7億円	113名
H25年度	301.7	0.7	302.4億円	181名

注記1．100万円以下は切り捨てた。
　　2．本図は公正取引委員会が作成した図を流用した。

図表25　課徴金減免申請件数の推移

年度	2006	2007	2008	2009
申請件数	79	74	85	85

年度	2010	2011	2012	累計
申請件数	131	143	102	725

注記1．2009年（平成21年）独占禁止法改正（平成21年法律第51号）により、2010年（平成22年）1月1日から課徴金減免制度が拡大されている（調査開始前と開始後で合わせて5社まで（ただし、調査開始後は、最大3社まで））。また、共同申請（同一企業グループ内の複数の事業者による共同申請）を認めている。
　　2．累計は、課徴金減免制度が導入された2006年（平成18年）1月4日から2013年（平成25年）3月末までの件数の累計を示す。

事業者に違反行為を強要し又は違反行為を止めることを妨害していた場合には、課徴金減免制度の対象から除外される（第7条の2 17項）規定を置

113

図表26　独占禁止法法的措置実施件数

年	2010	2011	2012	2013
件数	12	22	20	18

注記1．法的措置実施件数72件のうち、法的措置内容が3条（不当な取引制限の禁止）後段によるものが63件（87.5％）ある。

いており、制度の悪用を排除しています。

入札談合の場合は、持ち回りで幹事をする事例が多いので、たまたま幹事となっただけの企業が課徴金減免制度を利用することも認めています。さらに、過去に違反行為を行った事業者であっても、課徴金減免制度の対象となり得ます[108,109]。

なお、独占禁止法による法的措置を取った件数を見てみると、件数はほぼ横ばいを示しています[110]（**図表26参照**）。

2013年（平成25年）に発覚した、大手2電力会社発注の送電線工事に関する談合事件において、公正取引委員会のホームページから公正取引委員会が2電力会社に独占禁止法の法的措置に関して申し入れた内容をまとめ

108　公正取引委員会「課徴金減免制度適用事業者一覧（2006年（平成18年）～2014年（平成26年）6月19日まで）」
　　http：//www.jftc.go.jp/dk/seido/genmen/kouhyou/itiran18.html、
　　http：//www.jftc.go.jp/dk/seido/genmen/kouhyou/itiran19.html、
　　http：//www.jftc.go.jp/dk/seido/genmen/kouhyou/itiran20.html、
　　http：//www.jftc.go.jp/dk/seido/genmen/kouhyou/itiran21.html、
　　http：//www.jftc.go.jp/dk/seido/genmen/kouhyou/itiran22.html、
　　http：//www.jftc.go.jp/dk/seido/genmen/kouhyou/itiran23.html、
　　http：//www.jftc.go.jp/dk/seido/genmen/kouhyou/itiran24.html、
　　http：//www.jftc.go.jp/dk/seido/genmen/kouhyou/itiran25.html、
　　http：//www.jftc.go.jp/dk/seido/genmen/kouhyou/itiran26.html、2014.6
109　公正取引委員会「課徴金減免制度Q&A」
　　http：//www.jftc.go.jp/dk/seido/genmen/qa.html#cmsQ36、2014.6
110　公正取引委員会「独占禁止法法的措置一覧（平成22年度～平成25年度）」
　　http：//www.jftc.go.jp/dk/ichiran/dkhaijo25.html、2014.6

ると次の通りとなります。
① 現地説明会をした場所で引き続き当該参加者間において受注予定者を決定するための協議が行われていた
② その中には、F社OBが29名参加し、少なくとも14名は、F社の設計担当者から予算価格等の教示を受けていた。E社OBは7名参加していた
③ E社の発注業務等の一部担当者は、違反行為を認識していたにも関わらず、これを看過した上、工事業者に対し、当該違反行為が発覚することがないように注意喚起を行っていた
④ 架空送電線工事の見積合わせの実施にあたり、特定の工事業者に対して事前に発注の意向を伝えていた

その結果、違反事業者は延べ総数131社、排除企業数は延べ総数121社、課徴金命令企業数は延べ総数107社、課徴金合計は31億1,710万円となり、送電線工事業界ぐるみ、かつ発注者側が談合を助長していたことがわかります（**図表27**参照）。

しかし、おかしなことに、E社、F社ともに株主代表訴訟に発展していないのはなぜでしょうか？ 福島原発訴訟に比べたら小さなものとE社の株主は判断したでしょうか？ F社の株主はどうなのか？

刑法第96条の6（公契約関係競売等妨害）は、国、地方公共団体が発注する公共工事に対しての罰則なので公益事業である電力事業には適用されません。しかし、それでよいのでしょうか。また、公共事業においても入札企業が1社しかなく、その1社に逃げられると不調になる場合は、それを避けるために官庁側の入札担当者と入札企業の担当者で差しで談合が行われている可能性もあります。その場合は、どうすればよいのでしょうか？

国家公務員倫理法第39条では、各省庁に倫理監督官を1人置き、倫理の保持・指導・助言・体制整備を行うよう定められていますが、このような人材は、民間企業では兼務としてコンプライアンス委員会が設置されて役

図表27　大手2電力会社で生じた談合の実態

摘　要	F社 架空・地中送電工事	E社 架空・地中送電工事
独占禁止法法的措置の時期	平成26年1月31日	平成25年12月20日
現地説明会後同場所で談合	有	有
電力会社OB関与数	29名	7名
発注業務担当者の関与	記載無し	有
設計担当者の関与	有	記載無し
予算価格を教示	有	記載無し
予算価格を提示	有	記載無し
購買担当者の特定業者相談	有	記載無し
違反事業者数	延べ88社	延べ43社
排除企業数	延べ81社	延べ40社
課徴金命令企業数	延べ70社	延べ37社
課徴金合計	23億7,048万円	7億4,662万円

割を果たしています。

　もし、徹底して官僚倫理を保持するのであれば、隣組制度のような手法を適用するのがよいのではないかと筆者は考えます。

　　　　　　　　　＊　　　　　　　　　＊

　3.12の71頁に示した通り、国連腐敗防止条約第12条で民間部門を問うています。さらに第13条では社会の参加を促進し「意思決定手段の透明性を高め、及び意思決定手続きについての公衆の参加を促進すること。」「公衆が情報を効果的に利用できるようにすること。」「腐敗行為を許容しないことに資する広報活動及び公共教育計画を実施すること。」さらに(d)では情報に対する一定制限を課すことができる内容について、

（ⅰ）　他の者の権利又は信用を尊重すること
（ⅱ）　国の安全、公の秩序又は公衆の健康若しくは道徳を保護すること（下

線筆者）

とあります。第13条では制限措置として下線部の通り公序良俗を課しています。

この条約は、網羅的ではありますが、広範囲にわたって民間部門及び市民参加により腐敗行為の抑止を展開していこうとことが読み取れます。

　　　　　　　　＊　　　　　　　　　　　　　　＊

我が国には、私的独占の禁止及び公正取引の確保に関する法律（独占禁止法）があり、カルテル・談合に関しては、同法第89条及び第95条において罰則が決められています。

しかし、民間同士でも公益企業と一般企業での取引は、大手公益企業から小規模な公益企業まであります。発注側（公益企業）は、設計変更等により最終的に適切な価格で発注していない場合も想定できます。また受注側（一般企業）が、公共事業ではないことから受注側のトップセールスで発注金額を聞き出したり、発注側と受注側のトップが同じ学校の卒業者であることから事前に話し合いが行われていても不思議ではありません。したがって、公益企業のあり方、一般企業のあり方もこの第12条及び第13条で問われていると考えておくことが合理性及び妥当性があると考えることができます。

　　　　　　　　＊　　　　　　　　　　　　　　＊

大手２電力会社で生じた５件の談合事件について、談合参加企業の中でも複数件にわたり課徴金減免措置を受けていた企業が４社存在していました。

さらに、５件の談合において３件にわたり減免措置を受けている企業が２社存在していました。そのうちの１社は、２件の課徴金免除を受けています（**図表28**参照）。

図表28　複数にわたり課徴金減免措置を受けた企業の実態

企業名	F社 架空電線工事	F社 地中送電工事	E社 本支店架空送電工事	E社 架空送電工事	E社 地中送電工事
G社	30%	50%	30%	—	—
H社	免除	—	—	免除	—
I社	30%	—	—	30%	—
J社	30%	免除	—	—	免除

注記1．E社の「本支店架空送電線工事」は、E社本店又は支店が発注した架空送電工事である。
2．E社の「架空送電線工事」は、a支店、b支店、c支店又はd支店において発注した架空送電工事である。
3．2社の「地中送電工事」は、地中送電ケーブル工事のことである。
4．F社が発注した架空送電工事の課徴金減免制度適用事業者は、4社である。
5．F社が発注した地中送電工事の課徴金減免制度適用事業者は、5社である。
6．E社本店又は支店において発注した架空送電工事の課徴金減免制度適用事業者は、2社である。
7．E社a支店、b支店、c支店又はd支店において発注した架空送電工事の課徴金減免制度適用事業者は、2社である。
8．E社が発注した地中送電ケーブル工事の課徴金減免制度適用事業者は、4社である。
9．5事件に関して、課徴金減免制度を利用して免除となった事業者数は、4社である。

5.3 株主代表訴訟及び違法性支出に関する検討

　株主代表訴訟件数は、2008年（平成20年）から2012年（平成24年）にかけて増加傾向にあります。また、建設業における使途秘匿金課税は減少の一途をたどってはいるものの、全産業に占める割合は高く**図表20**に示した通り2010年（平成22年）以降の割合が上昇傾向にあります。株主代表訴訟の訴訟原因と比較すると、**図表15**に示した通り、経営判断の誤りを問う割合が36.9％あります。

訴訟原因で違法性があると考えられる「カルテル・談合～インサイダー」までを合計すると50.8％となり、株主が法令違反と考える原因が過半数を占めています。そのうち、和解が11件ありカルテル・談合及び贈賄・違法献金で9件（82％）を占めています。

株主代表訴訟が2009年（平成21年）以降も上昇傾向にあることの中核には、カルテル・談合が影響していると考えてもおかしくはないでしょう。

実務において交際費等の使用は日常茶飯事であり、各種企業が考える交際費等の範囲には、

① 交際費等に分類されない隣接勘定科目（損金）
② 交際費等に分類される勘定科目（損金又は損金不算入）
③ 法人の経理処理において隣接勘定科目として分類されているが、税法上は交際費等相当として扱われるべき支出（損金又は損金不算入）
④ 費途不明金に分類される費用（損金不算入又は重加算税）
⑤ 法人の経理処理において隣接勘定科目及び交際費等として分類されているが、税務調査により隠ぺい又は仮装行為による使途秘匿金として取り扱うべきものとされた費用（損金不算入及び40％の使途秘匿金課税かつ重加算税）
⑥ 自己否認により使途秘匿金勘定科目としている費用（損金不算入及び40％の使途秘匿金課税）

が存在します（**図表29**参照）。

また、費途不明金及び使途秘匿金の実務上に関する相違は、①制度趣旨、②課税態様、③秘匿意思、④経理処理により区分することができます（**図表30**参照）。

そうすると、色々な勘定科目により損金扱いをした後に、税務調査により法人税法第55条違反とされるより、当初から損金を自己否認し使途秘匿金として40％の課税をされ、法人税、事業税等を合わせて使途秘匿金とほぼ同額を支払う方が企業の態度としてははっきりしていてわかりやすいの

119

図表29　各種企業が考える交際費等の区分と法人税法上の区分概念（再掲）

```
                                    秘匿の意思なし
                                    秘匿の意思あり
┌─────────────────────────────────┐
│         販売費及び一般管理費          │
│ ┌──────────────┬──────────────┐ │
│ │ ①隣接勘定科目  │  ②交際費等    │ │
│ │ ┌──────────┐ │              │ │
│ │ │③交際費等相当│ │              │ │
│ │ │ ┌────────┴─┴──┐         │ │
│ │ │ │ ④費途不明金   │          │ │
│ │ │ ├─────────────┤         │ │
│ │ │ │ ⑤使途秘匿金   │          │ │
│ └─┴─┴─────────────┘          │ │
│       │ ⑥使途秘匿金   │            │
│       └───────────────┘           │
└─────────────────────────────────┘
```

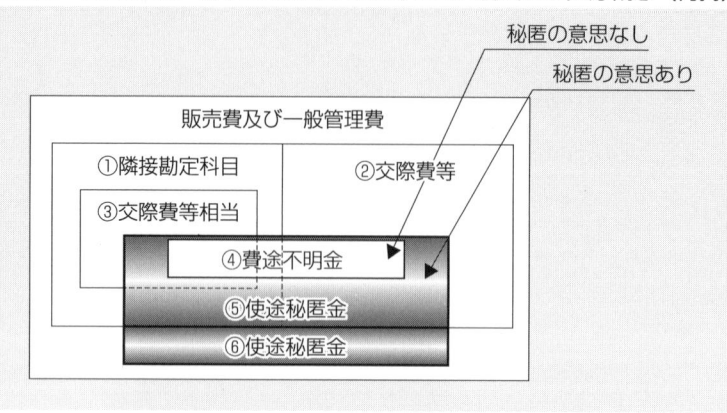

図表30　費途不明金及び使途秘匿金の実務上に関する相違

区分方法	費途不明金	使途秘匿金
制度趣旨	費途不明の支出の損金性否認	違法支出等の抑制
課税態様	損金不算入	支出額の40％課税
秘匿意思	秘匿の意思がないものも含む。秘匿の意思が有れば使途秘匿金となり、隠ぺい・仮装があったと見なされ重加算税が課される	元々秘匿の意思あり
経理処理	損金処理がされたもの	当初から自己否認すれば支出額の40％課税のみであり、税務調査により発覚した場合は隠ぺい・仮装があったとみなされ重加算税が課される

ですが、株主等に対して説明責任が果たされるのかという課題が残ります。

　2014年（平成26年）5月15日毎日新聞朝刊によれば、X社が100億円の申告漏れをし、うち所得隠しとして3,000万円に対し重加算税が課税されています。

同社広報は、「課税当局との見解の相違はあるが、指摘に適切に対処する。」と述べています。しかし、見解の相違ではなく法人税法第55条1項（隠ぺい仮装行為）は「法人が、その所得金額、欠損金額または税額の計算の基礎となるべき事実の全部または一部を隠ぺいし、または仮装することにより、その法人税の負担を減少させまたは減少させようとする場合、当該隠ぺい仮装行為に要する費用（法人税の免税により法人自体の処分可能利益を増大させ、それを原資とする翌期以降の受取利息等の収益の獲得に貢献するという意味での「費用」であり、当期の収益の獲得に貢献するという意味での費用ではないと解される。）の額、または当該隠ぺい仮装行為により生ずる損失の額は、法人税法それ自体の意味を否定するものであるから、損金の額に算入されない。」とあり、違反をしているから重加算税を課せられたという認識の欠如とも受け取られかねないと考えられます。

国民は、独占禁止法に違反することはよくないことだという認識があります。しかし、毎年談合で公正取引委員会の摘発を受けている建設会社等は存在します。

筆者は、ある中小規模の建設会社社長から「建設業は、一枚岩で行かないと仕事にならない。」とか、筆者と同年代の中小規模の建設会社社長から「○○勉強会とか色々名前を付けて入札関連の情報をとる組合はあるよ。」と聞いたことがあります。

法律の全体系を支配する公序良俗において、憲法第29条1項における私有財産が保障されることは、絶対的なものではなく、第29条2項において「財産権の内容は、公共の福祉に適合するように、法律でこれを定める。」とあるように、独占禁止法に違反するということは、「公共の福祉」すなわち、公序良俗に抵触いているから独占禁止法に違反していると解することが妥当であると考えられます。しかし、現在の課徴金減免制度は、繰り返し違反行為を行った事業者であっても課徴金減免制度の対象としています。この実態を2006年（平成18年）から2014年（平成26年）6月19日まで

の課徴金減免制度の適用事業者を調査した結果、同じ会社が何度も制度適用を受ける場合及び土木会社等が制度適用を受けている事実が存在しています。同様に、法人税法第55条1項も考えていく必要があるでしょう。

114頁で述べた大手2電力会社発注工事の談合事件については、送電線という特殊事情があり技術力の維持という目的があったのではないかと推察され、業界及び発注者が一丸となって談合をすることに意義が存在したのではないかと考えられます。しかし、電力会社等が実施する事業は、他の民間事業と比較した場合、①公益性が高い、②公平性が高い、③合理性が高い、と考えられ、技術維持のために考慮したとしても今回の談合に正当性があると考えることは非常に困難です。

電気工事業界と2大電力会社がこのような状況ですから、中小の建設業は、同様に談合組織が存在すると推察されます。

また、現在の課徴金減免制度については、その効果と公序良俗に関して均衡を考えた場合、著しく均衡を欠いているというわけではないと思います。確かに公序良俗から逸脱しているのではないかと思われるところもあるかもしれませんが、社会の要請として早くカルテル・談合を発見し、違反行為であろうと考えられる不当な制限行為を止めさせることが世の中を良くしていくという政策上の課題解決としては有効でしょうが、これは絶対的なものではなく、早く名乗り出て行政の負担を減らすことにも繋がると思います。

課徴金減免制度は、司法取引ではありません。そうすると、同一企業が何度も課徴金減免制度を利用して課徴金を免除等されることが本当に公共の福祉のためになるのか否かは、著しく均衡を欠くか否かにより判断されていることになります。言い換えると、公序良俗における課題及び政策的機能・効果の大きさの比較が判断基準ということになります。

＊　　　　　　　　　　＊

今後の使途秘匿金課税ですが、政策目的の企業の使途秘匿金支出をなく

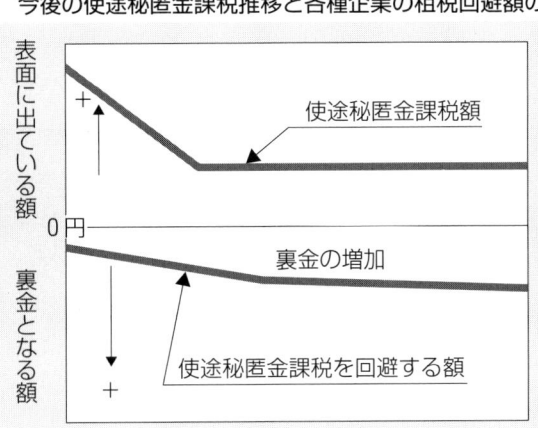

図表31　今後の使途秘匿金課税推移と各種企業の租税回避額の模式図

していくという考え方について、ここ数年のうちにその下げ止まりの時期が来るのではないかと筆者は考えています。

　その理由は、使途秘匿金課税の50％以上を占めていた建設業が2010年（平成22年）を機に30％程度まで下がり、全体総額も当初154億円あったものが24億円まで低減しました。しかし、その支出は依然として存在し、建設業が大型工事受注のために必要な経費として考えるところにより支出は存在します。

　昨年、経済団体から政治献金を再開するとの報道[111]がされたことにより、使途秘匿金勘定は建設業以外の合計を図表19から推定して8億円と仮定すると、建設業は2～5億程度まで低減されていると推察できるので、合計

111　『日本経済新聞』電子版　記事、2014年9月8日23時39分
　　「経団連の榊原定征会長は8日、中断してきた政治献金への関与を5年ぶりに再開し、企業に増額を呼びかける方針を表明した。榊原氏は「経済再生へ経済と政治は車の両輪。（安倍晋三政権と）徹底的に手をつなぐ」と強調した。企業側は今後、献金の復活や増額の検討に入る。来春に統一地方選を控えるなか、長期・安定政権を見据えて、政界と財界の関係再構築へと地ならしを急ぐ。」とある。

10億円程度までは低減されると考えられます。しかし、現行法のままでは抜け穴が存在するから、租税回避・脱税により10億円以上は、裏金として潜る可能性があると危惧しています（**図表31**参照）。

5.4 小 括

上記のように、現状を分析しました。その結果、次のようにまとめることができます。

(1) 使途秘匿金は、課税制度ができた事務年度（国税庁の表現）から減少の一途をたどっている
(2) 特に建設業に対する課税が著しく減少し、課税の政策的効果は期待通りである
　　一方、毎事務年度同額の課税がなされている運送業もあり、業種により政策効果は異なる
(3) 建設業は、2010年の株主代表訴訟以降、使途秘匿金課税額が減少しているものの、他の業種と比較すると、その割合は2009年以前の50％以上に達する勢いで上昇している
(4) 課徴金減免制度を複数回活用して課徴金の減免を受けている企業が存在する
(5) 近時においても、E社員及びF社員が参画し、談合を実施した事例等が存在する
(6) このようなことから、談合は依然としてなくならない

第6章

今後の交際費等及び使途秘匿金課税制度のあり方

第 3 章及び第 5 章において、租税法も憲法の下、また立法の原理から、公序良俗に反する立法及び公共の福祉に反する立法は、政策的見地等から「必要悪」という抜け穴装置を置いておくこと自体が問題であると筆者は問題提起しました。本章では、その具体例を考え、現代社会における税制の公平性を、総合ポイントカードの利用方法を例にとり、交際費等及び使途秘匿金に関する租税特別措置法第61条の 4 （交際費等の損金不算入）及び第62条（使途秘匿金の支出がある場合の課税の特例）に関して検討します。

6.1 総合ポイントカードを利用した租税回避方法の検討

例えば、総合ポイントカード[112]を用いて交際費等又は贈与としての使用を秘匿することが可能です。総合ポイントカードは、多くの企業が相乗りしているため特定の企業のための販売費の値引きに限定されるわけではありません。

すなわち、具体的にいうと、A 社から B 氏にポイントカードが渡され、それを C 社で使用してしまえば A 社が C 社のサービスを消費したことになります。また、ポイントであるのでそれが A 社にとって勘定科目に表現されることはありません。よって、A 社及び B 氏が、この内容を公表さえしなければ法人税法、所得税法及び関係する租税特別措置法には抵触することなく租税回避をすることが可能となるというスキームです。

企業が使用する、ある総合ポイントカードの場合、ゴルフ場で使用することが可能なものがあります。ゴルフは接待によく利用され、その内容は、①ゴルフプレー代及び②飲酒を含む飲食代です[113]。

---

112 本書でいう「総合ポイントカード」とは、1 企業だけでそのポイントが商品等に交換できるのではなく同一企業グループ以外の複数の企業に対して金銭と同等に使用できるポイントカードをいう。

ゴルフプレー代は、租税特別措置法第61条の4第4項において、「交際費等とは、交際費、接待費、機密費その他の費用で、法人が、その得意先、仕入先その他事業に関係のある者等に対する接待、供応、慰安、贈答その他これらに類する行為」の法人が特定の個人に対し便宜等を図ってもらうことを目的として接待を行う行為なので、交際費等に区分され損金不算入となります。

　一方、ゴルフ等に際しての飲食費は、国税庁Q&Aにおいて、回答文書に「催事を実施することを主たる目的とする一連の行為の一つとして実施されるものであり、飲食等は主たる目的である催事と不可分かつ一体的なものとして一連の行為に吸収される行為と考えられます。したがって、飲食等がそれら一連の行為とは別に単独で行われていると認められる場合（例えば、企画した旅行の行程のすべてが終了して解散した後に、一部の取引先の者を誘って飲食等を行った場合など）を除き、それら一連の行為のために要する費用の全額が、原則として、交際費等に該当するものとされます。」とあります。

　このように、①ゴルフプレー代及び②飲酒を含む飲食代は、交際費等に該当するため今までは、交際費等として損金不算入としてきましたが、現状では、総合ポイントカードを用いて①ゴルフプレー代及び②飲酒を含む飲食代が、すべて総合ポイント使用者に関し無料で提供されています。

　そうなると、接待で多く利用されるゴルフ場の場合は、租税特別措置法第61条の4第4項自体が形骸化していることになります。

　さらに、A社がB氏に総合ポイントカードを渡してしまえば、B氏は、何に使おうがA社の総合ポイントカードを使用しているので、B氏の所

113　2014年（平成26年）10月30日現在、ある総合ポイントカードにおいては、ポイントカードを使用して全国でゴルフプレーができる提携施設が113か所存在する。プレー代は、1人当たり4,000円から2万5,000円）また、主な機能として、「飲酒は＊＊＊ポイントで交換、商品は＊＊＊ポイントで交換できるなどとホームページに記載されている。

得とは関係なく利用できます。

これは、法人税法第11条及び所得税法第12条の実質所得者課税の原則をどのように取り扱うかという問題が生じます。

具体的には、A社は、B氏に総合ポイントカードを渡したことを秘匿しておけば、A社利用による使用ということになり、租税特別措置法第62条（使途秘匿金の支出がある場合の課税の特例）の形骸化が生じます。

このような事象から、筆者は、「5.3　株主代表訴訟及び違法性支出に関する検討」に記載した図表30のように、見えない交際費等・使途秘匿金の支出が増大すると考えます。

このスキームは、談合金としても応用できると考えられるので、今後、IT技術を使った租税回避が増大すると考えられます。

6.2　総合ポイントカードによる支出の検討

カードの機能性を考えると、①携帯しやすく、②利便性が高い、③紛失した場合もカード会社に連絡すれば使用の停止ができる、ということがいえます。だから、第三者に譲渡しやすいという特徴が表れます。

本機能性は、変更することが困難であるので機能面での検討は本書では行いません。前項で検討した内容を、現行の租税特別措置法第61条の4第4項及び第62条でどのように変更すればよいか、又は現行のままでよいのかを検討し、課税の公平性及び実効性を高める方法に関して検討を以下に行います。

1　総合ポイントカードの会計処理及び税務処理

総合ポイントカード自体は、何ら公序良俗及び公共の福祉に抵触するものではありません。しかし、その使用方法に課題があります。

A社は、B氏との交際費に使用するために、ポイントが貯まるように支出します。または、A社ポイントを総合ポイントカードとして取り扱います。これは、勘定科目でいえばB氏に対する前払い金に相当すると考えられます。そのポイントを利用して、B氏を接待し、業務に関して便宜を図ってもらうよう働きかけます。

　今までの接待費の支出方法は、接待後に支払領収書を受け取っていましたが、総合ポイントカードの場合は、事前に支払ポイントの利益を留保しておくことになります。

　我が国における会計基準等の状況は、ポイントに関して個別の会計基準は存在していないので、ポイント発行企業は、企業会計基準等に則り会計処理をすることになります。

　金融庁は、具体的な会計処理は、ポイント発行企業等の事業内容や、個別のポイントの性質や内容により異なっているが、実務上、大別すると以下のような会計処理が行われていると考えられるとしています。

① 　ポイントを発行した時点で費用処理
② 　ポイントが使用された時点で費用処理するとともに、期末に未使用ポイント残高に対して過去の実績等を勘案して引当金計上
③ 　ポイントが使用された時点で費用処理（引当金計上しない）

このうち、最近はポイント制度が定着し、過去の実績データも蓄積してきたこと等により、②の会計処理が多くなっていると述べています[114]。

　一般に、個人がポイントを獲得した場合は、経済的利益であるので所得と考えられ、所得税法第36条[115]、所得税基本通達34-1(5)[116]に該当します。そして、ポイントは、特典と交換された時に一時所得と考えられています。

　したがって、多額に上る場合は確定申告が必要になりますが、実際に確定申告をしている納税者はいるのでしょうか？

114 　金融庁「ポイント及びプリペイドカードに関する会計処理について（改訂）」2008.7
　　 http://www.fsa.go.jp/singi/singi_kinyu/dai2/siryou/20080702/02.pdf

企業が獲得したポイント、又は企業が密かにポイントを入れたカードを、個人に貸し出した場合はどうなるのでしょうか？

　それが、交際費等又は使途秘匿金とした場合はどうなるのでしょうか？

2　交際費等に関する支出の検討

　交際費等は、租税特別措置法第61条の4第4項において、「交際費等とは、交際費、接待費、機密費その他の費用で、法人が、その得意先、仕入先その他事業に関係のある者等に対する接待、供応、慰安、贈答その他これらに類する行為」なのですから、そのために使用したポイントは、交際費等として損金算入できないと考えるべきです。

　では、どのようにしてそのポイントを損金算入できないようにするかという課題が残ります。

　例えば、ゴルフ場であれば、一案として、「ゴルフ場でのポイント使用はできないようにする。」ということを考える必要があります。

　現在、飲食費の"5,000円基準"がありますが、この場合でも、国税庁

115　所得税法第36条（収入金額）その年分の各種所得の金額の計算上収入金額とすべき金額又は総収入金額に算入すべき金額は、別段の定めがあるものを除き、その年において収入すべき金額（金銭以外の物又は権利その他経済的な利益をもつて収入する場合には、その金銭以外の物又は権利その他経済的な利益の価額）とする。
　　2　前項の金銭以外の物又は権利その他経済的な利益の価額は、当該物若しくは権利を取得し、又は当該利益を享受する時における価額とする。
　　3　無記名の公社債の利子、無記名株式等の剰余金の配当（第24条第1項（配当所得）に規定する剰余金の配当をいう。）又は無記名の貸付信託、投資信託若しくは特定受益証券発行信託の受益証券に係る収益の分配については、その年分の利子所得の金額又は配当所得の金額の計算上収入金額とすべき金額は、第1項の規定にかかわらず、その年において支払を受けた金額とする。
116　所得税基本通達34-1（一時所得の例示）次に掲げるようなものに係る所得は、一時所得に該当する。
　　（昭49直所2-23、昭55直所3-19、直法6-8、平11課所4-1、平17課個2-23、課資3-5、課法8-6、課審4-113、平18課個2-18、課資3-10、課審4-114、平23課個2-33、課法9-9、課審4-46改正）
　　　(5)　法人からの贈与により取得する金品（業務に関して受けるもの及び継続的に受けるものを除く。）

Q&Aにおいて解散した後に、一部の取引先を誘って飲食した場合とか、ゴルフ場からの帰路に途中下車をして、もう一度、場所を変えて飲食した場合などは、新たに飲食接待したと見られることから、このような飲食は"5,000円基準"の適用があります。[117]とあるのです。

このことからも、ゴルフプレーに使用したポイントのみならず、ゴルフ場での飲食のために使用したポイントも交際費等となることから、課税庁は、公益財団法人日本ゴルフ協会、一般社団法人日本ゴルフ場事業協会、一般社団法人日本ゴルフ用品協会に対して「ゴルフ場でのポイントの使用はできない。」と通達又は国税庁Q&Aで文書とすると同時に、租税特別措置法第61条の4に、「ゴルフ場でのポイント使用は、交際費等となる。」ことを記載することが、租税特別措置法第61条の4第4項の公平性を維持することになると考えられます。そうなれば、ゴルフ場ではポイントを貯めることのみが可能となります。

現に、ゴルフ場の一部には、ポイントを貯めることはできても使用することはできない施設も存在するからです。

3 使途秘匿金に関する支出の検討

必要経費又は損金のうち、「経験則からみてその不存在が事実上推定されるような極めて異例な経費については特別の事由とみて、その部分の支出に限っては、その存在を主張する原告納税者が立証責任を負うものと解される。」[118]という説があります。

また、「納税者の必要経費又は損金が特定の金額（以下）しか存在しないことを行政庁が証明するのは、著しく困難である。必要経費・損金の立証責任[119]を納税者に負わせることが合理的であると考える。」[120]という説も有力に主張されています。

---

117 国税庁「交際費等（飲食費）に関するQ&A」、2006.5
118 松沢智『租税争訟法』pp.75、中央経済社、1989.10

さらに、課税庁側には、質問検査権はありますが限られた職員ですべてに対応できているとは考えられません。そうなると、総合ポイントカードの取締りを考えるか、又は総合ポイントカードは、各社又は連結決算をしているグループ内のみにおいて使用可能なように改正する必要があると考えます。

　租税法は、実質所得者課税の原則を採用していることから、経済的実質に即して所得を得た者に課税をすることが本質です。それを確実に実施するためには、総合ポイントカードの複合認証制度（暗証番号及び指紋等の認証）を実施する必要があると考えます。そうすれば、支出者の特定が可能となるからです。

　なお、質問検査権から考えると、使途を秘匿する自由は保障されていないと考えます。

　また、使途秘匿金課税は、赤字申告により当期の納付すべき法人税額がない場合でも納税義務が生じます。これは、所得課税ではなく支出額課税だからです。この場合、一般の法人税は０円、使途秘匿金支出額×40％の法人税、それに対する地方税を納付することになります。ここで注目すべきは、あくまで課税の分類が「40％の法人税」だというこです。

　現在、定められている租税特別措置法第62条２項では、使途秘匿金は、金銭又は資産の贈与で支出の相手先氏名等を秘匿するものをいいます。したがって、役務の提供、サービスの提供は含まれていません。サービスの提供を受けたとしても相手方には多額の資産が蓄財されるわけではないからです。これは、消費的接待といえます。例えば、旅行、飲食、ゴルフ等の接待をしたからといって、相手先を明らかにしない場合でも必ずしも使

119　立証責任が、ある事実についてノンリケットに陥ったときに、その責任の配分を受けるものが不利益を受ける場合がある。なお、ノンリケットとは、真偽不明のことをいい、裁判官が事実認定について真偽不明の状態に陥ることをいう。

120　碓井光明「使途不明金の課税について」『税務弘報（Vol.32　No.8）』pp.10、中央経済社、1984.7

途秘匿金とはなりません（企業内部のコンプライアンス規定とは考え方が違います。また、フリンジベネフィットという観点から考えると個人的利益であることには違いありません）。原則として交際費等となります。また、接待者不明は、費途不明金として損金不算入（法基通9-7-20）となります。

しかし、総合ポイントカードは、ポイントを現金のように使用することができるという観点から考えると、企業が獲得したポイント、又は企業が密かにポイントを入れたカードを個人に貸し出した場合には、使途を秘匿し使用することが可能となります。

6.3　使途秘匿金課税に関する租税法の限界

占部裕典教授は、損金不算入方式の解説の中で、「損金不算入方式は、一定の税制のために、租税優遇措置としてではなく、租税重課措置として機能する。…中略…交際費の損金不算入限度額を設けることとした。これは、行政的考慮（歳入確保への配慮）及び課税の公平性の考慮から、導入された。…中略…交際費課税制度は、過剰な交際費等に限定して、恒久的措置として法人税法に措置すべきであろう。」[121]と述べています。

過剰な交際費等の中には使途秘匿金が内包されていると推察できます。また金子名誉教授[122]はその租税特別措置の法的判断基準として、次の諸点等をあげています。

① その措置の政策目的が合理的であるかどうか
② その目的を達成するためにその措置が有効であるかどうか
③ それによって公平負担がどの程度に害されるか

具体的には、

121　占部裕典「法人税における政策税制―その機能と法的限界」『政策税制の法的限界の検討 日税研論集（第58号）』pp.142～143、日本税務研究センター、2008.1
122　金子宏『租税法（第17版）』pp.85、弘文堂、2012.4

(1) 租税法の基本原則との乖離の程度
(2) 重課（又は優遇）の割合（又は程度）
(3) 政策目的の合理性
(4) 目的実現の緊急性
(5) 政策とその手法との関連性
(6) 税制以外の方法による同様の目的達成の有無
(7) 租税特別措置によりもたらされた弊害

という法的基準をあげ、これを考慮することは、多くの支持を得るところです。

使途秘匿金課税に関しては、課税税率を現状維持又はフランス同様の70％又は100％の高税率にしたからといって談合等による使途秘匿金支出が、皆無になるということは考え難いと思います。

そうなれば、「支出に際して相手方の名前を秘匿する」という行為は、違法な支出であるということを納税者に理解していただくために、40％課税の意味が「重加算税である」ということを伝える必要性があるので、「国税通則法第68条第2項同等の重加算税としての40％の課税をする」という文言を租税特別措置法第62条に追記すべきであると考えます。

しかし、これでも使途秘匿金支出は、ゼロにはならないと思われるので、その先は、刑法との調整を図り刑法に重点を置くしかないと考えます。

6.4 小括

今後の交際費等及び使途秘匿金課税税制について検討しました。その結果をまとめると、次の通りとなります。

(1) 租税特別措置法第61条の4に、「ゴルフ場での総合ポイントカードによる支出は、交際費等に該当する。」ことを記載する
(2) 総合ポイントカードの複合認証制度（暗証番号及び指紋等の認証）を実施
(3) 租税特別措置法第62条に、「国税通則法第68条第2項同等[123]の重加算税としての40％の課税である。」ことを記載する
(4) 使途秘匿金支出をなくすためには租税法と刑法との調整を図り刑法に重点を置く必要がある

---

123 同等とは、40%の法人税が課せられるという意味ではなく、国税通則法第68条第2項の重加算税の40%が課せられているという意味と同じ法人税が課せられているということを意味する。

第7章

結 論

第 7 章　結　論

　使途秘匿金課税について、平成26年度改正を踏まえて検討してきました。その中でも、「税制度の公平性」及び「政策的課題」に焦点を当てて検討しました。その結果、次のことがいえるのではないでしょうか。

(1)　国税通則法が制定される以前に、昭和36年7月に「国税通則法の制定に関する答申（税制調査会第二次答申）及びその解説」が発行されるに至った経緯には、その後に及ぶ社会趨勢を含んだ継続的な検討が必要であったにもかかわらず、国税通則法が、手続法としての認知しか至らなかった点が、我が国の租税法を根本的に歪めてしまうことになったと考えます。

(2)　複雑化する経済活動に各税法が追い付けずにいる現状を鑑み、立法の原理として、憲法を成立させる源は何かということを考えることが重要です。そこで、租税法は、単に租税法律主義に従うというだけでなく、立法原理に租税法も拘束されるのであるから、公序良俗規範についても適用され、納税者は公序良俗に反する行為は、違法又は無効であると考えられます。

　　　したがって、国税通則法第1条に、「公序良俗に反する支出は、支出が無かった[124]ものとして取り扱う。」との記載の追加を提案します。

(3)　特に、平成26年度改正における交際費等及び使途秘匿金の現状を検討すると、総合ポイントカード制度に関して何ら税制度及び政策として検討はされていません。

　　　この部分についての結論として、以下を提案します。

　①　総合ポイントカードの複合認証制度（暗証番号及び指紋等の認証）を実施する

　②　租税特別措置法第61条の4に、「ゴルフ場での総合ポイントカー

---

[124]　「支出が無かった」とは、支出として認めないことであり法人の損金として認めないことをいう。

ドによる支出は、交際費等に該当する。」ことを記載する
　③　租税特別措置法第62条に、「国税通則法第68条第 2 項同等[125]の重加算税としての40％の課税である。」ことを記載する
(4)　また、国内法規を早急に整備し、腐敗の防止に関する国際連合条約（国連腐敗防止条約）に批准することを提案します。

125　同等とは、40％の法人税が課せられるという意味ではなく、国税通則法第68条 2 項の重加算税の40％が課せられているという意味と同じ法人税が課せられているということを意味する。

索引

あ行

違法性支出	15, 110, 118
違法説	13, 59, 62
隠ぺい又は仮装	3, 45, 46, 47, 54, 119
裏金	62, 64, 123
応能説	37

か行

確定決算主義	42, 43
確認書	71, 72
課税庁	6, 53, 57, 64, 65, 71, 72, 133
課税要件明確主義	9, 73
課徴金減免申請	111
課徴金減免制度	84, 85, 121, 122, 124
課徴金納付命令	71, 98, 99, 111
株主代表訴訟	6, 14, 97, 99, 100, 106, 115, 118, 119, 124
カルテル	83, 85, 93, 100, 101
監査体制	63
企業の社会的責任	6, 63, 106, 110, 111
基本的人権	20, 27
義務説	37
業務関連性	52, 66, 69
金融商品取引法	76, 77, 78
刑法	78
建設業	44, 46, 102, 105, 106
憲法第22条1項	22
憲法第29条2項	11, 13, 121
憲法第98条	21
恒久化	8, 59, 63
恒久化説	59, 63, 65
公共の福祉	11, 12, 13, 16, 21, 22, 28, 30, 121

さ行

交際費等	3, 4, 8, 9, 13, 39, 42, 43, 45, 47, 52, 53, 79
公序の理論	9, 16
公序良俗	9, 11, 12, 16, 23, 24, 26, 28, 33, 50, 51, 60, 65
公正取引委員会	14, 15, 71, 77, 79, 85, 98, 112, 121
高税率変更説	14, 59, 63
公平性	16, 37, 79, 122, 127, 129, 132, 134, 139
国税通則法	9, 16, 49, 51, 55, 74
国連腐敗防止条約	13, 16, 75, 76, 116
個人的利益	134
コンプライアンス	98, 106, 110, 111, 115, 134

さ行

裁判上の和解	97, 98, 99, 107
時限立法	3, 56, 58, 65
自己否認	3, 54
支出額課税	133
実質所得者課税	50, 129, 133
使途秘匿金	3, 4, 5, 6, 7, 8, 9, 13, 15, 41, 43, 45, 52, 54, 59, 79, 97, 105
使途秘匿金課税	3, 4, 14, 41, 49, 54, 55, 60, 63, 78, 79, 97, 102, 103, 105, 106
使途不明金	13, 40, 48, 60
事務年度	48, 97, 102, 124
重加算税	54, 55, 71, 72, 119, 120, 135, 136, 140
消費的接待	133
所得課税	133
所得税法	37, 68, 127, 129, 130

141

政策説	13, 57, 62
責任説	13, 57, 60
善管注意義務	62
相関係数	44, 46, 102, 106, 107, 108
総合ポイントカード	16, 127, 128, 129, 130, 133, 134, 136, 139
贈収賄罪	79
租税回避	30, 73, 92, 123, 127, 129
租税三原則	8, 52
租税特別措置法	4, 8, 9, 37, 41, 43, 52, 59, 127, 128, 129, 131, 132, 133, 135
租税負担の公平	37
租税法律主義	8, 9, 65
損害賠償請求額	97
損金性	64, 66, 67, 68, 79, 120

た行

脱税工作金	68
談合	3, 85, 89, 93, 98, 101, 115
談合金	9, 69, 70, 71, 129
談合組織	6, 70, 106, 122
提言書・報告書	110, 111, 112
同族企業	47
透明性	92, 111, 116
独占禁止法	77, 85, 114
取締役等	62, 63

な行

内部統制	63, 110
入札談合等関与行為防止法	79
納税義務者	31, 62
納税者	4, 9, 33, 73
農林水産業	46

は行

必要悪	65, 127
必要経費	32, 52, 68, 132
必要性	52, 60, 65, 66, 67, 68, 69, 135
費途不明金	3, 5, 13, 40, 42, 43, 45, 52, 53, 54, 64, 79
費用処理	130
不当利得返還請求権	62
腐敗の防止に関する国際連合条約	13, 16
普遍的法原則基準説	15
フリンジベネフィット	134
法人数	63, 102
法人税法	37, 42, 43, 52, 66, 67, 68, 69, 71, 72, 111, 119, 120, 121, 127, 129, 134
法定要件基準説	15
法的安定性	17, 73, 79
法律の全体系を支配する公序良俗	13, 28, 74

ま行

民法第90条	24, 25, 26, 28

や行

抑止力	71
予測可能性	17, 73, 79

アルファベット

Back room deal	89
Bid-rigging	89
Commonsense	12, 24
The Dango Tango	89
Y字バランス	89, 90, 91, 93

参考文献等

●海外文献
1）Hartiadi Budi Santoso, DON'T TAKE ACTION！BEFORE KNOWING THE TAX IMPLICATIONS, PT GNV Consulting, 2013. 4
2）PERATURAN MENTERI KEUANGAN DAN DIRJEN PAJAK TENTANG PENGHITUNGAN PEMOTONGAN PAJAK PENGHASILAN [PPH], 2013. 2

●国内文献
［論文］
1）脇本利紀「横領等の不法行為と帰属を巡る一考察」『税大ジャーナル』第23号、pp. 107～128、税務大学校、2014. 5
2）谷口勢津夫「違法支出論における債務確定主義の意義と機能」『立命館法学』2013年6号（352号）、pp. 265～288、立命館大学法学会、2014. 3
3）内野正昭「国税通則法の改正と残された課題」『租税実務研究』第1号、pp. 23～50、租税実務研究学会、2013. 10
4）安井栄二「交際費等課税規定における「支出」の概念の検討」『大阪経済大学論集』第63巻第5号、pp. 85～98、大阪経大学会、2013. 1
5）石黒秀明「租税原則と租税正義に関する一考察」『上武大学ビジネス情報学部紀要』第11巻第1号、pp. 1～30、上武大学、2012. 7
6）采木俊憲「法人に対する重加算税の賦課について―従業員の不正行為に起因する場合を中心に―」『税大ジャーナル』第17号、pp. 97～121、税務大学校、2011. 10
7）菅原計「租税特別措置法61条の4の解釈及び適用上の問題点」『経営論集』77号、pp. 61～74、東洋大学経営学部、2011. 3
8）大山弘「企業の使途秘匿金に対する刑事規制について」『神戸学院法学』第39巻第3・4号、pp. 95～110、神戸学院大学法学会、2010. 3
9）楊光洙、鈴木美晴「交際費課税制度改革の意味について」『長崎県立大学経済学部論集』第44巻第1号、pp. 69～86、長崎県立大学、2010. 6
10）中島信城「インドネシアの税務行政と税制の概要」『税大ジャーナル』第12号、pp. 133～156、税務大学校、2009. 10
11）山田貴久、若林利男「建設安全管理における費用便益に関する研究」『建設マネジメント研究論文集』Vol. 16、土木学会、2009. 12
12）増渕貴文「交際費課税制度の現状とそのあり方～損金不算入規定の総合的検討」立教大学修士論文、2009. 3
13）今井賢士「交際費課税制度に関する研究～課税要件の検討を中心として」立教大学修士論文、2008. 3
14）儀我壮一郎「日本の医療と製薬企業の新動向」『立命館経営学』第46巻第6号、立命館大学経営学部、2008. 3
15）原拓志「日本における欧米製薬企業：歴史的概観」『国民経済雑誌』第196巻第1号、pp. 91～107、神戸大学経済経営学会、2007. 7
16）山田泰弘「国際的潮流から見た日本の株主代表訴訟制度―特に株主代表訴訟の原告適格を巡って―」『立命館法学』2007年4号（314号）、pp. 96～137、立命館大

学法学会、2007
17) 関谷忠「交際費課税の本質と問題点」『別府大学短期大学部紀要』26、pp. 37～47、別府大学短期大学部、2007. 3
18) 山本顯治「競争秩序と契約法―「厚生対権利」の一局面―」『神戸法学雑誌』第56巻第3号、pp. 142～272、神戸法学会、2006. 12
19) 高澤美有紀「官製談合の主な事例と防止対策」『調査と情報』第543号、国立国会図書館、2006. 6
20) 宮本幸平「法人税法における使途秘匿金の費用性について―「公正妥当な会計処理基準」の考察を手掛かりとして」『経済論叢』第161巻第4号、pp. 72～85、京都大学経済学会、1998. 4
21) 中村利雄「法人税の課税所得計算と企業会計（Ⅱ）―費用又は損失の損金性―」『税務大学校論叢』15号、税務大学校、1982. 11

[書籍・雑誌・インターネット]
1) 八ッ尾順一『(第5版) 事例からみる重加算税の研究』清文社、2014. 7
2) 四方田彰「事例でわかる飲食費」『税務弘報』2014年5月号、pp. 18～26、中央経済社
3) 川田剛『基礎から身につく国税通則法（平成26年度版）』大蔵財務協会、2014. 5
4) 谷口勢津夫『租税回避論―税法の解釈適用と租税回避の試み―』pp. 37、清文社、2014. 3
5) 酒井克彦『クローズアップ課税要件事実論（第2版）―要件事実と主張・立証責任を理解する―』財経詳報社、2013. 10
6) 山本守之『法人税の理論と実務（平成25年度版）』中央経済社、2013. 9
7) 鴻上喜芳『リスクマネジメント論トレーニング』創成社、2013. 9
8) 山本守之『事例研究交際費課税―トラブルを未然に防ぐために（平成25年改訂版）』大蔵財務協会、2013. 7
9) 西巻茂『(第3版) 交際費課税のポイントと重要事例Q&A』税務研究会出版局、2013. 8
10) 山下淳一『国税通則法（税務調査手続関係）通達逐条解説』大蔵財務協会、2013. 4
11) 東京地方税理士会「平成26年度税制改正に関する意見書」2013. 3
12) 全国青年税理士連盟「平成26年度税制改正に関する要望書」2013. 3
13) 損保ジャパン・リスクマネジメント『リスクマネジメント実務ハンドブック』日本能率協会マネジメントセンター、2011. 3
14) 岸田光正『(平成25年2月改訂) 調査事例からみた税務判断のポイントと対応策』清文社、2013. 3
15) 柴田知央『数字でわかる中小企業のための法人税特例ガイドブック』税務研究会出版局、2013. 2
16) 八ッ尾順一『(五訂版) 図解 租税法ノート』清文社、2012. 12
17) 渡辺淑夫、山本清次『法人税基本通達の疑問点（五訂版）』ぎょうせい、2012. 9
18) 金子宏、佐藤英明、増井良啓、渋谷雅弘『ケースブック租税法〔第3版〕【弘文堂ケースブックシリーズ】』弘文堂、2012. 4
19) 武田昌輔、成道秀雄『法人税の損金不算入規定』中央経済社、2012. 4
20) 末永英男 『「租税特別措置法」の総合分析―租税法、租税論、会計学の視点から』

中央経済社、2012. 3
21) 西巻茂『(第2版) 交際費課税のポイントと重要事例Q&A』税務研究会出版局、2011.11
22) 日本税理士会連合会『国税通則・国税徴収法規集』中央経済社、2011. 9
23) 新日本有限責任監査法人『ポイント制度の会計と税務―カスタマー・ロイヤルティ・プログラムのすべて―』税務経理協会、2011. 3
24) 駒崎清人、若林孝三、有賀文宣、吉田行雄『実例問答式 交際費の税務(平成22年版)』大蔵財務協会、2010.10
25) 酒井克彦『ステップアップ租税法―租税法解釈の道しるべ―』財経詳報社、2010. 8
26) 白石賢『企業犯罪・不祥事の制度設計―インセンティブに基づく制度設計のすすめ―』成文堂、2010. 5
27) 山本守之・守之会『(新版) 検証 納税者勝訴の判決』税務経理協会、2010. 2
28) 田口守一、松澤伸、今井猛嘉、細田孝一、池辺吉博、甲斐克則『刑法は企業活動に介入すべきか』成文堂、2010. 1
29) 山本守之『交際費の理論と実務[四訂版]』税務経理協会、2009. 8
30) 右山昌一郎『判例・事例から見た 検証 交際費課税』大蔵財務協会、2008. 4
31) 中山信弘、中里実『政府規制とソフトロー(ソフトロー研究叢書第3巻)』有斐閣、2008. 3
32) 日本税務研究センター『政策税制の法的限界の検討(日税研論集第58号)』日本税務研究センター、2008. 1
33) 石島弘、木村弘之亮、玉國文敏、山下清兵衛『納税者保護と法の支配(山田二郎先生喜寿記念)』信山社、2007.10
34) 加藤雅信『(新民法大系Ⅴ) 事務管理・不当利得・不法行為(第2版)』有斐閣、2005. 9
35) 前川聡子『企業の投資行動と法人課税の経済分析』関西大学出版局、2005. 3
36) 山田二郎『実務租税講義―憲法と租税法―(実務法律講義⑦)』民事法研究会、2005. 3
37) 首藤重幸、田中治「公平・中立・簡素・公正の法理」『日税研論集』第54号、日本税務研究センター、2004. 5
38) 品川芳宣『租税法律主義と税務通達―税務通達をめぐるトラブルの実践的解決』ぎょうせい、2004. 1
39) 早川芳夫『事例でみる交際費』同文舘出版、2003.10
40) 占部裕典『租税法の解釈と立法政策Ⅰ』信山社出版、2002. 1
41) 林伸宣「使途秘匿金課税の要件の不徹底」『税理』第44巻第2号、pp.120〜126、ぎょうせい、2001. 2
42) 山本守之『交際費の理論と実務』税務経理協会、2000.10
43) 松沢智『租税実体法の解釈と適用・2―税法は争えば解釈が発展する―』中央経済社、2000. 9
44) 山田二郎『山田二郎著作集Ⅰ 租税法の解釈と展開(1)』信山社出版、2007. 9
45) 山本守之・守之会『検証 税法上の不確定概念』中央経済社、2000. 9
46) 山本守之『税務形式基準と事実認定(第3版)』中央経済社、2000. 3
47) 柿塚正勝『使途秘匿金―税務・監査と経営判断(改訂版)』税務経理協会、1998.10
48) 小西砂千夫『日本の税制改革―最適課税論によるアプローチ』有斐閣、1997. 6

49) 田中章介『判例と租税法律主義―税法解釈における課税の論理と納税の論理』中央経済社、1994. 10
50) 「特集 使途秘匿金をめぐる多角的検討」『税経通信』Vol. 49　No. 9、pp. 55～138、税務経理協会、1994. 7
51) 石島弘「使途秘匿金課税に至る経緯と制度上の問題」『税務弘報』Vol. 42　No. 7、pp. 6～13、中央経済社、1994. 7
52) 山本守之『交際費・使途秘匿金課税の論点―判決・裁決例からみた実務検討』中央経済社、1994. 6
53) 松沢智「使途秘匿金と課税の法理―使途不明金からの脱却と「税社会学」の成果―」『税経通信』Vol. 49　No. 7、pp. 2～10、税務経理協会、1994. 6
54) 松沢智『租税実体法の解釈と適用―法律的視点からの法人税法の考察―』中央経済社、1993. 8
55) 新井隆一、玉国文敏「使途不明金の研究（2）」『日税研論集』第11号、日本税務研究センター、1989. 10
56) 新井隆一、首藤重幸、玉国文敏「使途不明金の研究（1）」『日税研論集』第1号、日本税務研究センター、1986. 8
57) 吉野昌年『建設業営業経費の税務対策』清文社、1983. 11
58) 森岡孝二「住友金属工業「コンプライアンス検証・提言委員会」の報告書について―株主オンブズマンのコメント―」NPO法人株主オンブズマン、http://kabuombu2.sakura.ne.jp/2011/20110718.hml、2011. 7
59) 山田厚史「スペシャル　日本でのビジネスはなぜ難しいのか　（1）なぜ談合はなくならないのか」J-CAST ニュース、http://www.j-cast.com/2006/01/23000360.html、2006. 1

おわりに

　本書を作成している間に衆議院選挙が行われた。国民は、税の本質を見抜く力を持たなければならず、国会議員には、立法のために税に対する説明責任があります。しかし、双方共に理解し説明を尽くしているのだろうか？　と疑問に思いませんか？

　国連腐敗防止条約については、我が国の倫理観を問われているように思います。これから東京オリンピックに向け我が国は前進していきますが、その先の未来には何があるのでしょうか？

　「税」は、国の根幹を成すものなので国民一人ひとりが教育論と同じように考えていくことが大切です。

　国民にとって税制度は、安全と安心が必要だと思います。安全は科学的に示されるもので、安心は一人ひとりの心の問題です。では、安全と安心をつなげるものは？　筆者は『信頼』だと思います。国家と納税者の信頼度はどの程度あるのでしょうか？

　租税倫理は、シャープ勧告書の Tax irritation leads to tax evasion and a further impairment of citizenship morale（課税に対する反感は、脱税を招き、国民の意識を著しく低下させる）を起想します。至誠にして動かざる者は未だこれ有らざるなり。

　編集にあたっては、清文社の中村麻美さんのご協力をいただいたことに感謝致します。

平成27年3月

山田　貴久

● 著者紹介

山田 貴久（やまだ たかひさ）

労働安全コンサルタント

1965年1月三重県生まれ
東海大学海洋学部卒業
東京農工大学大学院技術経営研究科技術リスクマネジメント専攻修了
東北大学大学院工学研究科技術社会システム専攻修了　博士
（工学・東北大学（1年短縮修了））
立教大学大学院経済学研究科経済学専攻修了

踊る　大談合
―使途秘匿金課税の適用期限撤廃を踏まえ
　なぜ日本は国連腐敗防止条約を批准しないのか

2015年4月15日　発行

著　者　山田 貴久 ⓒ

発行者　小泉 定裕

発行所　株式会社 清文社
東京都千代田区内神田1-6-6（MIFビル）
〒101-0047　電話 03(6273)7946　FAX 03(3518)0299
大阪市北区天神橋2丁目北2-6（大和南森町ビル）
〒530-0041　電話 06(6135)4050　FAX 06(6135)4059
URL http://www.skattsei.co.jp/

印刷：亜細亜印刷㈱

■著作権法により無断複写複製は禁止されています。落丁本・乱丁本はお取り替えします。
■本書の内容に関するお問い合わせは編集部まで FAX（03-3518-8864）でお願いします。

ISBN978-4-433-48744-7